Nicol
HTML 4
echt einfach

Cornelia Nicol

HTML 4.0
echt einfach

Das kinderleichte Computerbuch

Mit 143 Abbildungen

Franzis'

Die Deutsche Bibliothek – CIP-Einheitsaufnahme

Ein Titeldatensatz für diese Publikation ist bei
Der Deutschen Bibliothek erhältlich

Herausgeber: Natascha Nicol / Ralf Albrecht

© 2000 Franzis Verlag GmbH, 85586 Poing

Alle Rechte vorbehalten, auch die der fotomechanischen Wiedergabe und der Speicherung in elektronischen Medien.

Die meisten Produktbezeichnungen von Hard- und Software sowie Firmennamen und Firmenlogos, die in diesem Werk genannt werden, sind in der Regel gleichzeitig auch eingetragene Warenzeichen und sollten als solche betrachtet werden. Der Verlag folgt bei den Produktbezeichnungen im wesentlichen den Schreibweisen der Hersteller.

Satz: Nicol/Albrecht, Frankfurt
Druck: Offsetdruck Heinzelmann, München
Printed in Germany - Imprimé en Allemagne.

ISBN 3-7723-7354-2

Vorwort

Möchten Sie gerne schnell und ohne Frust lernen, Webseiten mit HTML zu gestalten? Dann ist dieses Buch genau das richtige für Sie. Sie werden hier Schritt für Schritt mit vielen anschaulichen Beispielen an Ihren ersten Auftritt im Internet herangeführt.

Für die Gestaltung der Webseiten wird in diesem Buch das Programm »Frontpage Express« von Microsoft eingesetzt, das zum Lieferumfang des »Microsoft Internet Explorer 5.0« gehört. Verfügen Sie noch nicht über den »Internet Explorer 5.0«, so finden Sie ihn auf der dem Buch beigeklebten CD-ROM.

Wie in allen **echt-einfach**-Büchern gibt es eine Comicfigur als Führer, die Ihnen über die ersten Klippen beim Umgang mit HTML hilft. Sie steht Ihnen mit Tipps und Tricks zur Seite und ermöglicht so einen problemlosen Einstieg.

Die **kinderleichten Computerbücher** der echt-einfach-Reihe sind keineswegs Kinderbücher. In allen Büchern werden Funktionen und Möglichkeiten der jeweiligen Programme kompetent erklärt. Dabei konzentrieren sich die Autorinnen und Autoren auf das, was Sie wirklich brauchen. Überflüssiger Balast wird weggelassen.

Ohne PC-Chinesisch oder Technogeschwafel, dafür aber leicht verständlich, ermöglichen Ihnen die echt-einfach-Bücher sehr schnell den sicheren Umgang mit Ihrem Computer.

Inhaltsverzeichnis

1	**http://www.einleitung.htm**	**10**
	1.1 Eine kurze Übersicht über die Kapitel	11
	1.2 Eine kurze Übersicht über die CD-ROM	13
	1.3 Bedienungsanleitung für dieses Buch	13
2	**Die Webseiten planen**	**16**
	2.1 Den Inhalt auf die Besucher abstimmen	16
	2.2 Das Layout ist wichtig	18
	2.3 Sich von anderen positiv abheben	26
3	**Gestatten: *FrontPage Express*!**	**28**
	3.1 Den *Internet Explorer 5.0* installieren und deinstallieren	28
	3.2 Der HTML-Editor *FrontPage Express*	35
	3.3 *FrontPage Express* starten	36
	3.4 Die benutzerfreundliche Oberfläche von *FrontPage Express*	38
	3.5 Andere Komponenten des *Internet Explorers*	40
	3.6 Umstellung auf *Microsoft FrontPage*	42
4	**Und los geht's: Eine Webseite erstellen**	**44**
	4.1 Mit dem Text der Homepage beginnen	44
	4.2 Eine Trennlinie zur Auflockerung	53
	4.3 Die Adresse einfügen	56
	4.4 Das Dokument speichern und aufrufen	57
	4.5 Webseite drucken	63

5 Der erste Blick auf HTML-Befehle — 68

- 5.1 Was Sie über HTML & Co. wissen sollten — 68
- 5.2 Einen Blick auf den Quelltext wagen — 69
- 5.3 Die HTML-Tags — 70
- 5.4 Die Befehle im Dokument — 71

6 Ein paar Feinheiten — 78

- 6.1 Mit Farben aufpeppen — 78
- 6.2 Einzüge einfügen — 84
- 6.3 Listen erstellen — 85
- 6.4 Tabellen kreieren — 93
- 6.5 Laufschrift — 113
- 6.6 Sonderzeichen — 121
- 6.7 Kommentare — 122

7 Hypermobil durch Querverweise — 126

- 7.1 Der Seitensprung im Web — 126
- 7.2 Auf externe Dokumente im WWW verweisen — 128
- 7.3 Auf interne Dokumente verweisen — 132
- 7.4 Auf andere Internetdienste verweisen — 143
- 7.5 Einen Verweis sichten — 146
- 7.6 Einen Verweis löschen — 147
- 7.7 Und wie sieht das in HTML aus? — 148

8 Die hilfreichen Assistenten — 152

- 8.1 Die Standardseite — 153
- 8.2 Der Homepage Assistent — 153
- 8.3 Das Bestätigungsformular — 158
- 8.4 Der Formularseiten-Assistent — 159
- 8.5 Der Umfragebogen — 172
- 8.6 Die Vorlage an Ihre Bedürfnisse anpassen — 173

9 Mit Bildern aufpeppen — 174

- 9.1 Die Bildformate im Web — 174
- 9.2 Bilder in die Webseite einbinden — 176
- 9.3 Das Bild bearbeiten — 180
- 9.4 Bilder als Hyperlinks einsetzen — 190
- 9.5 Mit animierten GIF-Bildern anmachen — 192
- 9.6 Ein Hintergrundbild wählen — 193

10 Für Anspruchsvolle — 196

- 10.1 Frames – Setzen Sie die Rahmenbedingungen! — 196
- 10.2 Formulare erstellen — 211
- 10.3 WebBot-Komponenten – die kleinen Helfer — 229
- 10.4 Multimedia gezielt einsetzen — 233
- 10.5 CGI-Skripts — 236
- 10.6 Von anderen Skripts und Komponenten — 237

11 Die Webseiten fertig erstellt - und nun? — 242

- 11.1 Nach Webfehlern suchen — 242
- 11.2 Die Sache mit den Webbrowsern — 244
- 11.3 Und ab ins Universum - die Webseite publizieren — 245
- 11.4 Marketing — 250
- 11.5 Pflege- und Wartungsarbeiten — 250

Index — 252

1 http://www.einleitung.htm

Konnichiwa! Das ist japanisch und heißt Guten Tag. Aber keine Angst, das ist das einzige japanische Wort in diesem Buch. Sie werden weder mit Fachchinesisch konfrontiert noch mit englischen Begriffen, ohne dass Sie die deutsche Bedeutung dabei erfahren. Ganz ohne Englisch geht es auch bei einer Einführung nicht, denn HTML und Englisch lässt sich leider nicht vermeiden, denn das ist nun mal die internationale Sprache für Webpublikationen.

Ach ja, übrigens heiße ich Sayuri Mizushiro und habe in Deutschland einen kleinen Reiseladen, der sich auf Japanreisen mit deutschen Touristen spezialisiert hat. Um etwas Reklame für mein zweites Heimatland und unser Reiseangebot zu machen, haben wir uns entschlossen, Informationen dazu im Internet zu publizieren. Nun haben wir ein umfangreiches Webangebot, das sogar aus mehreren Webseiten besteht und können stolz sagen: Sayuri's Reiseladen goes Internet.

Natürlich kann ich mich noch ziemlich genau an die Schwierigkeiten und vielen Fragen erinnern, als wir unsere erste Homepage kreiert haben. Darum möchte ich Ihnen die Erstellung Ihrer ersten Webseite so einfach wie möglich machen und jeden Schritt leicht verständlich erklären, eben echt einfach, so wie auf der Titelseite versprochen!

Dabei müssen Sie auf keinen Fall auf ein peppiges Layout Ihrer Webseite verzichten! Sie kann – wenn Sie möchten – mit allem Drum und Dran ausgestattet sein: Verweise, Bilder, Lauftext, Tabellen, Webformulare, Hintergrundbilder und -klang und noch viel mehr.

Um eine Webseite zu schreiben, brauchen Sie keine Spezialkenntnisse. Sie müssen nicht wissen, wie man einen Server installiert oder verwaltet. Und damit Sie sich nicht mit dem manchmal etwas trockenen HTML herumschlagen müssen, zeigen wir Ihnen auch, wie Sie mit Hilfsmitteln Ihre Arbeit deutlich erleichtern können: Wir setzen zur Erstellung der Webseiten das benutzerfreundliche *FrontPage Express* von Microsoft ein, das die Eingaben für uns automatisch in HTML übersetzt. Dennoch erfahren Sie die Grundlagen zu HTML, die HTML-Befehle werden nämlich ausführlich und leicht verständlich erklärt. So werden Sie ausreichend viel HTML lernen, um weiterführende Literatur verstehen zu können oder eventuell Ihr Werk mit HTML-Befehlen zu ergänzen und genießen gleichzeitig die Vorteile eines Webeditors.

Waren Sie eigentlich schon einmal in Japan, im Land der aufgehenden Sonne? Auch wenn vielen dazu nur Fuji, Toyota, Winterolympiade in Nagano und die Börse in Tokio einfällt – Japan ist ein faszinierendes, vielseitiges Land mit einer ausgesprochen interessanten Kultur, wunderschönen Naturparks und vielen Geheimnissen. Ein Land, das eine Reise wert ist! Ein bisschen darüber werden Sie in diesem Buch auch erfahren, da es am Beispiel der Webangebotserstellung unseres kleinen Reiseladens aufgebaut ist. Alle Beispiele sind so konzipiert, dass Sie sie ohne Probleme an Ihre eigenen Fragestellungen anpassen können.

Viel Spaß bei der Erstellung Ihrer eigenen Homepage mit Pfiff!

1.1 Eine kurze Übersicht über die Kapitel

In diesem Abschnitt möchte ich kurz aufführen, was Sie in den einzelnen Kapiteln dieses Buches erwartet, damit Sie einen kleinen Überblick gewinnen können.

Das erste Kapitel nach dieser Einleitung beschäftigt sich kurz mit der Planung einer Webseite. Was ist dabei wichtig und auf was sollten Sie dabei unbedingt achten.

In Kapitel 3 geht es dann um das Softwarepaket *Internet Explorer 5.0* von Microsoft, das sich auf der beigelegten CD-ROM dieses Buches befindet. Sie bekommen erklärt, wie Sie den *Explorer* auf Ihre Festplatte installieren können. Er besteht aus mehreren Komponenten. Die wichtigsten sind der *Internet Explorer Browser*, den Sie einsetzen können, um sich Webseiten aus dem Internet anzusehen, und *FrontPage Express*, dem Editor. Er wird ein wichtiges Handwerkzeug sein, denn mit seiner Hilfe werden Sie anhand eines Beispiels lernen, wie Sie Ihre eigenen Webseiten erstellen können.

Und damit sind wir bereits im nächsten Kapitel. Es beschäftigt sich mit der Texteingabe und dem Einfügen von Trennlinien sowie Ihrer Adresse, eben mit den ersten Schritten der Webseitenerstellung. Außerdem erfahren Sie, wie Sie Ihr kreiertes Dokument abspeichern, eine Musterseite erstellen und Webseiten ausdrucken können.

Um die HTML-Befehle geht es das erste Mal in Kapitel 5. Sie erfahren, was HTML-Tags sind, aus welchen HTML-Befehlen sich Ihre Webseite bis dahin zusammensetzt und was sie bedeuten. Dabei bleibt kein wichtiger Befehl unerklärt.

Das sechste Kapitel widmet sich der Erstellung von Listen, Einzügen und Tabellen. Sie bekommen erklärt, wie Sie Kommentare und Sonderzeichen einfügen, und wie Sie Ihre Webseite mit Farben und Laufschriften gehörig aufpeppen können. Bereits nach diesem Kapitel wird Ihre Webseite schon richtig was hermachen.

Was wären Webseiten ohne die Verweise, die so genannten Hyperlinks? Sie sind Thema des siebten Kapitels. Es beschäftigt sich mit der Erstellung von Hyperlinks zu anderen Webseiten. Zum einen zu externen Seiten im World Wide Web, zum anderen zu internen Seiten, falls Ihr Webangebot nicht nur aus Ihrer einzelnen Homepage besteht. Natürlich erfahren Sie auch hier, wie Sie die erstellten Verweise testen und löschen können. Im letzten Abschnitt werden die dazugehörigen HTML-Befehle übersichtlich dargestellt und erklärt.

In Kapitel 8 werden die hilfreichen Assistenten von *FrontPage Express* vorgestellt, die Dokumentvorlagen liefern beziehungsweise mit deren Hilfe Sie Dokumentvorlagen erstellen können, die Sie später nur noch Ihren Bedürfnissen anpassen müssen. So lassen sich beispielsweise Bestellformulare, Umfragebögen oder eine ganze Homepage schnell erstellen.

„Mit Bildern aufpeppen" heißt das neunte Kapitel. Hier bekommen Ihre Webseiten den letzten Schliff. Sie erfahren, welche Bildformate man für Webpublikationen verwendet, woher man die Bilder und Grafiken bekommt, und wie man sie in das Dokument einbindet und bearbeitet. Auch geht es um animierte Bilder und Hintergrundbilder für Ihre Webseite.

Das vorletzte Kapitel handelt von etwas schwierigeren Dingen, wie Sie Frames festlegen, mit deren Hilfe Sie Ihre Webseite in Fensterbereiche aufteilen können und das Erstellen von Formularen. Auch die für *FrontPage Express* typischen WebBot-Komponenten werden behandelt. Mit diesen Helfern können Sie zum Beispiel das aktuelle Datum Ihrer letzten Dokumentenänderung einfügen. Schließlich erfahren Sie in diesem Kapitel, wie Sie die Multimediaelemente Hintergrundklang und Video in Ihre Webseite einbinden. Auch der Einsatzbereich von einem CGI-Script sowie den Skriptsprachen *JavaScipt* und *Visual Basic Script* werden besprochen.

Last but not least wollen Sie natürlich auch Ihr Werk im World Wide Web veröffentlichen. Darum und über die Vorbereitungs- und Pflegearbeiten geht es im elften Kapitel. Auch sehen wir uns eine Webseite mit verschiedenen Webbrowsern an.

1.2 Eine kurze Übersicht über die CD-ROM

Auf der CD-ROM zum Buch finden Sie, neben den in diesem Buch besprochenen Webseiten, Bilder und animierte Bilder für Ihre Webseiten sowie den *Internet Explorer 5.0*, in dessen Software-Paket der *FrontPage Express* enthalten ist.

1.3 Bedienungsanleitung für dieses Buch

„Bedienungsanleitung für ein Buch? Was soll denn das?" werden Sie sich beim Lesen der Überschrift dieses Abschnitts gefragt haben. Trotz alledem möchten wir Ihnen einige Hinweise zur

Gestaltung des Buches geben, die das Lesen, Verstehen und Nachvollziehen erleichtern sollen.

Namen und Bezeichnungen von Programmen wurden *kursiv* in den Text aufgenommen. Alle Meldungen und Texte, die von *FrontPage Express* oder anderen Programmen in Menüs, Befehlen, Dialogfeldern und Kontrollelementen verwendet werden, werden in der folgenden SCHRIFT formatiert.

Die HTML-Befehle sind in `Schreibmaschinenschrift` dargestellt.

Finden Sie einen der Häkchen im Text, sind Sie gefordert. Häkchen bedeuten eine Aufforderung zur Mitarbeit. So zeigen wir Ihnen, wie Sie

☑ Schritt für

☑ Schritt

zum Ziel kommen.

Mit von der Partie ist unser Sumo-Ringer Aki.

Hinweis oder Tipp

Überall, wo Sie Aki gut gelaunt am Rand finden, lohnt es sich, den entsprechenden Text zu lesen. Sie finden an diesen Stellen Tipps oder Hinweise, wie Sie sich das Leben mit Ihrer Webseitenerstellung erleichtern können.

Warnung

Zieht Aki vor Schreck an seiner Haartracht, so will er Sie damit vor einer Falle warnen. Sie sollten besser nachschauen, um was es dabei geht und sich so Schwierigkeiten ersparen.

2 Die Webseiten planen

Ganz gleich, ob Sie geschäftliche, wissenschaftliche oder private Webseiten erstellen möchten – bevor Sie ausprobieren, wie das mit dem Editor und dem Webbrowser klappt, sollten Sie sich ein paar Gedanken über Ihre zukünftigen Webseiten machen und mit Papier und Bleistift erst einmal das Layout planen. Mit zunehmender Zahl von Publikationen im Web steigen natürlich auch die Ansprüche hinsichtlich der Gestaltung der Seiten. Folgende Überlegungen sollten Sie unbedingt anstellen, bevor Sie loslegen:

2.1 Den Inhalt auf die Besucher abstimmen

Anderen gefallen

Denken Sie stets daran, dass Sie eine Webseite für andere, nicht für sich selbst erstellen. Nur wenn sie dem Besucher gefallen hat, wird er gerne noch einmal zurückkommen und die Adresse vielleicht unter seinen Favoriten abspeichern.

Entsprechend sollten Sie sich zunächst zwei wichtige Fragen stellen:

2.1.1 Wen möchten Sie mit Ihren Webseiten ansprechen?

Sie können Ihre Webseiten sehr allgemein halten, dann sprechen Sie vielleicht einen großen Besucherkreis an, doch die meisten werden Ihre Seite nur einmal besuchen. Sprechen Sie hingegen einen bestimmten Besucherkreis an, wie zum Beispiel Sushi-Fans oder Käferspezialisten, dann werden weniger Besucher angelockt, die aber durchaus häufiger mal Ihre Webseiten besuchen (wenn Sie sich regelmäßig um die Aktualisierung kümmern).

Auch Sprache und Ton sollten Sie bei Ihren Planungen berücksichtigen. Da Englisch die Hauptsprache im Internet ist, finden Sie so generell am meisten Interessenten. Ist Ihr Unternehmen an internationalen Kontakten und Aufträgen interessiert, dann schreiben Sie Ihr Webangebot vielleicht besser auch in englischer Sprache oder bieten zumindest eine englische Zusammenfassung an.

Versuchen Sie, sich in Ihre Zielgruppe hineinzuversetzen. Möchten Sie eine private Homepage erstellen, um den Surfern mitteilen zu können, was Sie „cool" finden, dann ist eher eine lockere Sprache und ein poppiges Layout angebracht. Weisen Sie in Bewerbungen auf Ihre persönliche Webseite hin, müssen Sie eher versuchen, den Geschmack Ihrer potenziellen Arbeitgeber zu treffen, und der Webseite vermutlich ein eher seriöses Aussehen verleihen.

2.1.2 Was möchten Sie mitteilen?

Beschränken Sie sich immer auf das Wesentliche. Ein Websurfer hat es grundsätzlich eilig. Er möchte schnell erfassen, um was es auf Ihrer Webseite geht, und keine endlosen Romane lesen müssen.

Wenn Sie die Welt über ein spezielles Thema informieren möchten, dann checken Sie am besten, ob es bereits eine solche Veröffentlichung im Netz gibt, bevor Sie sich die Mühe mit der Erstellung Ihrer Webseiten machen.

Wenn Sie etwas Persönliches über sich schreiben, sollten Sie bedenken, dass es weltweit 80 Milliarden potenzielle Leser gibt, die theoretisch auf Ihrer Webseite landen könnten. Offenbaren Sie nicht Hinz & Kunz Ihre tiefsten Geheimnisse.

Eine Firma möchte natürlich in erster Linie in ihrer Webpublikation die Zielsetzung des Unternehmens herausstellen. Wichtig ist aber auch, die Webseite auf die Bedürfnisse und Interessen der Zielgruppe auszurichten. Vielleicht befragen Sie mal potenzielle Leser, zum Beispiel Kunden Ihrer Firma, was sie auf Ihrer Webseite erwarten und sich wünschen würden. Zum Beispiel sollten Sie den Leser zuerst über Ihre Produktinformationen, Angebot oder Dienstleistungen informieren. Informationen über Ihre Mitarbeiter und die Struktur Ihres Unternehmens oder der entsprechenden Einheit sind zweitrangig und interessieren nur einige.

2.2 Das Layout ist wichtig

Neben einem gelungenen, knackigen Text ist natürlich die Gestaltung der Webseiten das A und O. Ein unstrukturiertes Durcheinander oder eine langweilige Webseite schreckt ab und löst häufig einen sofortigen Klick-Reflex auf die Schaltfläche ZURÜCK aus.

2.2.1 Die Struktur Ihrer Webseiten

Eine Webseite muss funktionell und effizient sein. Haben Sie vor, ein umfangreicheres Werk zu schreiben, dann wird Ihr internes Web aus mehreren Webseiten bestehen.

Vier verschiedene Strukturmodelle gibt es bei Webdokumenten:

- die Reihe
- die Hierarchie
- das Gitter
- das Spinnennetz

Die Reihe

Hierbei werden die Informationen hintereinander in einer Sequenz angeordnet. Es ist die einfachste Struktur und für den Leser schnell eingänglich. Diesen sequenziellen Aufbau kann man sich zu Nutze machen, wenn man etwas alphabetisch (z.B. ein Lexikon, Glossar etc.), logisch oder chronologisch strukturieren möchte oder wenn etwas vom Leser in linearer Reihenfolge abgearbeitet werden soll, wie beispielsweise bei einer Anleitung.

Folgendes Bild skizziert eine solche Reihe. Die Linien symbolisieren Verweise auf andere Webseiten.

Bild 2.1:
Das Strukturmodell
„Reihe"

Die Hierarchie

Diese systematische Anordnung ist die typischste für Webseiten. Es lassen sich komplexe Informationen für den Leser leicht nachvollziehbar strukturieren. Die Ausgangs- bzw. Startseite oder auch Homepage ist dabei die wichtigste und wird in der Regel zuerst gelesen. Sie sollte eine Art Inhaltsverzeichnis mit Verweisen anbieten, damit der Besucher schnell einen Überblick bekommt und findet, wonach er sucht.

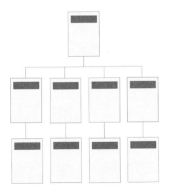

Bild 2.2:
Das Strukturmodell
„Hierarchie"

Das Gitter

Diese Struktur wird eingesetzt, wenn mehrere Komponenten miteinander in Beziehung gesetzt werden sollen, wobei alle Komponenten den gleichen Stellenwert haben. Bei diesem Strukturmodell gibt es keine Hierarchie. Diese komplexe Grundstruktur wird eher für Fachleute konzipiert und zum Beispiel für Vorlesungsverzeichnisse, Handbücher oder medizinische Fallbeschreibungen eingesetzt.

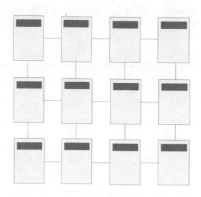

Bild 2.3:
Das Strukturmodell
„Gitter"

Das Spinnennetz

Diese verwobene Hyperlinkstruktur ist sehr flexibel, ungeübte Surfer haben aber oft Schwierigkeiten, sich ihre Architektur vorzustellen, und kommen schlecht mit ihr zurecht. Das Spinnennetz sollte daher nur bei kleinen Webpublikationen gewählt werden oder erfahrene Zielgruppen ansprechen. Häufig werden komplexe Informationen spinnennetzartig strukturiert, wenn der Leser seine Kenntnisse in einem ihm bekannten Themengebiet weiter vertiefen soll. Für eine Einarbeitung in ein neues Thema ist diese Struktur ungeeignet.

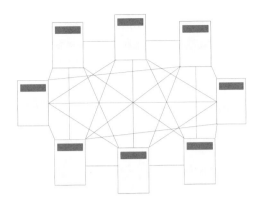

Bild 2.4:
Das Strukturmodell
„Spinnennetz"

Natürlich sind diese vier Strukturen nicht immer strikt getrennt anzuwenden. Gerade in umfangreichen Webpublikationen sind meist mehrere dieser Strukturen miteinander verbunden.

Für die Webseiten unseres Reiseladens haben wir uns für das hierarchisch aufgebaute Strukturmodell entschieden. Folgendes Bild zeigt eine Skizze unseres Grundgerüsts:

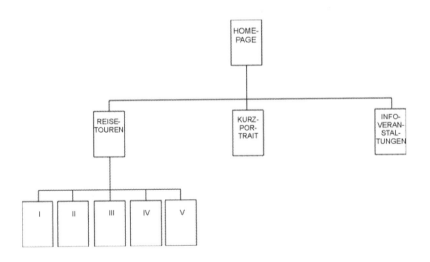

Bild 2.5:
Die Struktur unseres
Webs

Zunächst kommt unsere Homepage, die den Besucher neugierig machen soll und auf drei weitere Seiten in der zweiten Hierarchieebene verweist.

Der Verweis zu unseren Angeboten („Reisetouren") kommt auf der Homepage an erster Stelle. Diese Seite ist die wichtigste, denn damit verdienen wir ja schließlich unser Geld. Die Seiten „Kurz-

Das Layout ist wichtig **21**

portrait" und „Infoveranstaltungen" sollen beim Besucher Interesse am Land wecken. Sie stellen quasi unsere zusätzlichen Serviceleistungen dar und werden auf der Homepage an zweiter und dritter Stelle aufgeführt.

Von der Seite „Reisetouren" kann der Leser auf fünf weitere Seiten gelangen, die einzelne Reisetouren beschreiben. Sie stehen in der dritten Hierarchieebene.

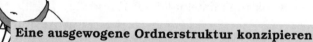

Eine ausgewogene Ordnerstruktur konzipieren

Vermeiden Sie zu tiefe oder zu verschachtelte Strukturen. Sie sind unübersichtlich. Denken Sie daran, dass der Leser immer versucht, sich ein Modell von Ihrer Webstruktur vorzustellen. Die Struktur Ihres Webs soll dem Leser logisch erscheinen und vor allem hilfreich sein. Nicht nur Sie, sondern auch der Leser muss sich leicht zurechtfinden können.

Natürlich können Sie später immer noch die Struktur Ihres Webangebotes verändern. Doch sollte man sich zu Beginn der Planung über ein sinnvolles Grundgerüst Gedanken machen. Und erst wenn das Gerüst steht, sollten Sie es mit Inhalt füllen.

2.2.2 Die Komponenten Ihrer Homepage

Haben Sie sich auch für hierarchisch aufgebaute Webseiten entschieden? Dann können Sie sich nun ein paar Gedanken über Ihre erste Webseite machen, die Homepage. Wie soll sie aussehen? Das nächste Bild zeigt die erste grobe Skizze unserer Homepage.

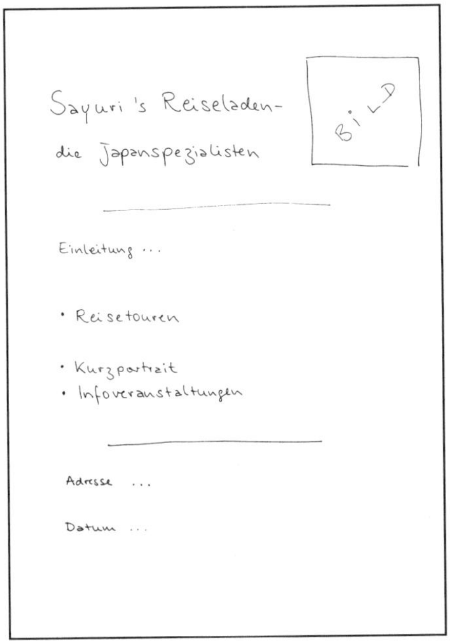

Bild 2.6:
Das Layout der Homepage grob skizziert

Da die Homepage in der Regel die erste Seite ist, die der Leser zu Gesicht bekommt, ist ihr Erscheinungsbild sehr wichtig. Ist sie ansprechend gestaltet, wird der Leser Verweise anklicken und in Ihrem Webangebot stöbern. Wirkt sie auf den Besucher auf den ersten Blick uninteressant oder sogar abstoßend, haben Sie bereits verloren. Achten Sie beim Entwurf auf ein ausgewogenes Verhältnis zwischen optischem Kontrast und einem benutzerfreundlichen Aufbau.

Eine Homepage sollte aus folgenden Komponenten bestehen:

- Überschrift
- Hauptteil
- Kontaktinformation
- Datum.

Die Überschrift

Die Überschrift informiert den Besucher über das Thema der aktuellen Webseite und sollte daher aussagekräftig sein und den Leser neugierig machen. Besteht das Webangebot aus nur einer Seite, können Titel und die Hauptüberschrift gleich sein. Bereits hier kann ein Bild als Blickfang eingefügt werden.

Der Hauptteil

Im Hauptteil bringen Sie kurz und bündig die Informationen, die Sie dem Besucher mitteilen möchten. Einleitende Worte bringen den Lesern den Inhalt näher. Verweise führen sie zu weiteren Punkten innerhalb Ihres aktuellen Dokuments oder zu anderen Webseiten. Grafiken und Bilder können als Informationsquelle eingesetzt werden und auflockernd wirken.

Kontaktinformationen

Am Ende der Seite sollte Ihr Name und Ihre Kontaktadresse stehen, damit sich interessierte Besucher mit Fragen oder Kommentaren an Sie wenden können. Vielleicht haben Sie ein Firmenlogo, das Sie neben den Adressblock einfügen können. Ist Ihre Webseite gewerblich, vergessen Sie nicht, auch Telefon- und Faxnummern anzugeben; das Internet ist nicht immer das Kommunikationsmedium erster Wahl.

Datum

Geben Sie auch das Datum der Erstellung bzw. letzten Änderung der Webseite an. So bekommt der Besucher die Chance, die Aktualität Ihres Dokuments einschätzen zu können. Das ist vor allem auch dann wichtig, wenn der Leser das Dokument ausdrucken oder speichern möchte, um es später zu lesen.

Die ersten Zentimeter sind die wichtigsten

Die Durchschnittsgröße eines PC-Monitors ist kleiner als man so denkt. Viele arbeiten noch mit 14- oder 15-Zoll-Monitoren und einer entsprechenden Bildschirmauflösung von 640 x 480 Pixel. Diese PC-Nutzer bekommen nur knapp die ersten 15 cm einer Seite angezeigt und müssen dann mit der Bildlaufleiste weiter blättern. Darum ist es wichtig, dass Sie gerade den oberen Bereich Ihrer Seite effektiv nutzen und hervorheben.

2.2.3 Der Text

Keinen Brief- oder Berichtstil fürs Internet

Nehmen Sie auf keinen Fall die drei DIN-A4-Seiten aus der Schublade, die Sie letztes Jahr für den Gemeindebrief, einen Bericht, eine Selbstdarstellung etc. geschrieben haben, und machen aus dem unveränderten Text eine Publikation im Web. Für das Gestalten von Hypertext gibt es einige Regeln. Es lohnt sich, einen Text für ein Webdokument völlig neu zu konzipieren.

Dass ein Hypertext nicht im Romanstil geschrieben wird, wissen Sie ja. Der surfende Leser hat es fast immer eilig, möchte einen Text schnell erfassen und den Überblick behalten. Das ist umso schwieriger, je kleiner sein Bildschirm ist. Denn dann ist er ständig dabei zu blättern. Versuchen Sie daher, sich knapp zu fassen. Kurze Texte sind auch viel einprägsamer. Grob gilt die Faustregel, dass eine Seite nicht länger als eine Bildschirmseite sein sollte. Dann kann der Besucher die Information schnell aufnehmen, ohne blättern zu müssen. Bekommen Sie nicht alles auf einer Seite unter, dann fügen Sie am besten Verweise ein.

Schreiben Sie zudem keine langen Textpassagen. Unterteilen Sie Ihren Text lieber in kleine verdauliche Häppchen, das macht das Dokument für den Leser durchschaubarer. Lange unstrukturierte Texte werden vom Leser meist nicht ad hoc gelesen und landen eventuell nur ausgedruckt und ungelesen in einem Ordner.

2.2.4 Hilfsmittel zum Formatieren

Um eine auf den ersten Blick ansprechende und ausgewogene Webseite zu gestalten, stehen dem Webseiten-Designer viele verschiedene Formatierungshilfen zur Verfügung. So können zum Beispiel verschiedene Überschriftebenen, Aufzählungszeichen oder Tabellen eingesetzt werden. Der Text kann auch wie in einem Textverarbeitungsprogramm formatiert, das heißt, durch unterschiedliche Schriftgrößen oder Fettdruck hervorgehoben werden.

Wichtig ist, dass Ihr Webangebot einheitlich aussieht, vor allem, wenn es umfangreicher ist und aus mehreren Webseiten besteht. Wählen Sie immer die gleichen Layoutelemente. Das bedeutet beispielsweise, dass Sie nicht plötzlich die Schriftart oder den Hintergrund wechseln sollten.

2.3 Sich von anderen positiv abheben

Über 50 Millionen Webseiten warten weltweit ungeduldig darauf, aufgerufen zu werden. Und täglich werden es mehr. Versuchen Sie, Ihre Webseiten von der grauen Masse abzuheben. Machen Sie es anders als die meisten. Seien Sie originell. Zeigen Sie Fantasie und Mut.

Manch gute Idee bekommt man auch beim Surfen. Nehmen Sie einmal die Webseiten anderer kritisch unter die Lupe, lernen Sie von deren Fehlern, und gucken Sie sich ruhig bei gelungenen Webseiten etwas ab. Wie man aus diesem „kreativen Pool" etwas abschöpft, wird später noch genauer erläutert.

3 Gestatten: *FrontPage Express!*

Auf der HTML-echt-einfach-CD-ROM dieses Buches finden Sie unter anderem die neue 5.0-Version des *Internet Explorers*. Dieses Softwarepaket enthält neben dem leistungsfähigen Webbrowser zusätzliche Programme wie den *FrontPage Express*, um den es in diesem Buch hauptsächlich gehen wird. Was der *FrontPage Express* eigentlich ist, was man mit ihm macht, aus welchen anderen Komponenten sich der *Internet Explorer 5.0* zusammensetzt, und wie Sie ihn von der CD-ROM auf Ihre Festplatte installieren können, wird in den folgenden Abschnitten beschrieben.

3.1 Den *Internet Explorer 5.0* installieren und deinstallieren

Die Installation schaffen Sie während zwei bis drei Werbungsblöcken an einem Fernsehabend.

3.1.1 Den *Internet Explorer 5.0* installieren

☑ Starten Sie zunächst *Windows 95 oder 98* bzw. *Windows NT 4.0*.

☑ Legen Sie die HTML-echt-einfach-CD in Ihr CD-ROM-Laufwerk. Wenn das Installationsprogramm nicht automatisch innerhalb einiger Sekunden startet, dann müssen Sie etwas nachhelfen:

☑ Wählen Sie im START-Menü die Option AUSFÜHREN. Es öffnet sich das gleichnamige Dialogfeld.

☑ Tippen Sie den Namen Ihres CD-ROM-Laufwerks und ie5setup.exe ein (z.B. E:\ie5setup.exe) oder wählen Sie es bequem im Dialogfeld DURCHSUCHEN. Klicken Sie dann auf die

Schaltfläche OK. Das Programmfenster zur Installation des *Internet Explorers 5.0* öffnet sich.

Bild 3.1:
Das Eröffnungsfenster des Installationsprogramms für den Internet Explorers 5.0

☑ In diesem Dialogfeld können Sie mit Hilfe der Bildlaufleiste den Lizenzvertrag durchlesen. Sind Sie mit den Bedingungen des Vertrags einverstanden, aktivieren Sie das Optionsfeld ICH STIMME DEM VERTRAG ZU und klicken Sie auf die Schaltfläche WEITER. Das Dialogfeld zu den Installationsoptionen öffnet sich.

Bild 3.2:
Wählen Sie
die Art der
Installation aus

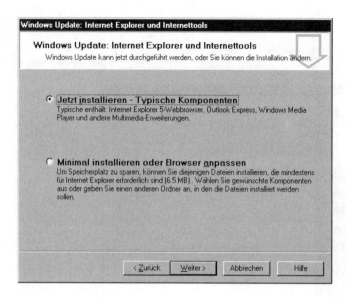

☑ Selektieren Sie entweder die Option JETZT INSTALLIEREN - TYPISCHE KOMPONENTEN oder MINIMAL INSTALLIEREN ODER BROWSER ANPASSEN.

Mit der ersten Option können Sie innerhalb kurzer Zeit eine lauffähige *Internet Explorer*-Version auf Ihrem PC installieren. Sie enthält die typischen Elemente, wie den Webbrowser, *Outlook Express* und einige Multimediakomponenten - allerdings kein *FrontPage Express*. Da dieses Buch die Erstellung Ihrer Webseiten anhand von *FrontPage Express* erklärt, brauchen Sie auf alle Fälle dieses Programm auf Ihrer Festplatte!

Das erreichen Sie entweder dadurch, dass Sie die Installationsoption TYPISCHE KOMPONENTEN selektieren und nachträglich die Webautorenkomponenten installieren, oder Sie wählen gleich die zweite Option MINIMAL INSTALLIEREN ODER BROWSER ANPASSEN. Diese Option ist vor allem auch dann für Sie interessant, wenn Sie nicht so viel Festplattenkapazitäten frei haben.

Möchten Sie nur die Komponenten installieren, die Sie benötigen, dann blättern Sie gleich zu Abschnitt 3.1.2. Möchten Sie erst einmal die Installation typischer Komponenten durchführen, dann

☑ bestätigen Sie die Wahl mit WEITER. Der Installationsassistent beginnt sofort mit der Installation der Komponenten, wie Sie im folgenden Dialogfeld sehen.

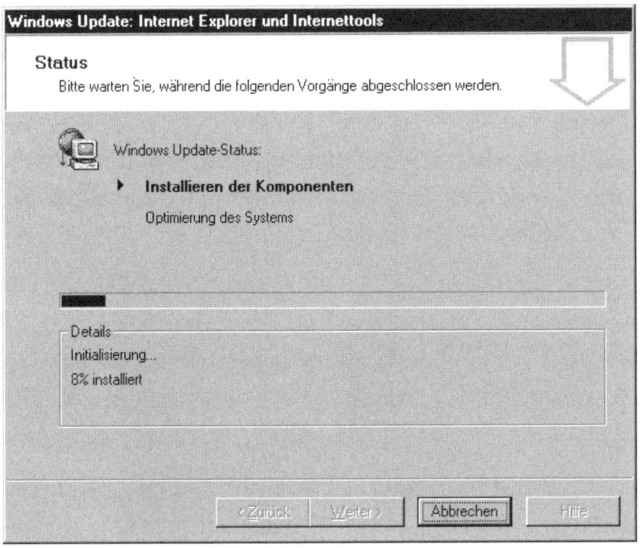

Bild 3.3:
Sie werden auf dem Laufenden gehalten

Die Dateien werden nun von der CD in den Zielordner kopiert. Der Installationsvorgang dauert nur wenige Minuten. Im Fenster können Sie verfolgen, welche Dateien gerade installiert werden. Für den letzten Schliff müssen alle Programme geschlossen werden.

Bild 3.4:
Durch Neubooten die Installation fertig stellen

☑ Klicken Sie auf FERTIG STELLEN (nachdem Sie Dateien eventuell geöffneter Programmfenster gespeichert und geschlossen haben). Der PC wird neu gebootet.

Nach dem Neustart werden die restlichen Installationen vorgenommen, wie unter anderem Ihre persönlichen Einstellungen für den Desktop. Jetzt dauert es ein Weilchen.

3.1.2 Komponenten benutzerdefiniert installieren

Um mit Hilfe dieses Buchs Webseiten erstellen zu können, benötigen Sie das Programm *FrontPage Express* auf Ihrer Festplatte. Dazu müssen Sie den *Internet Explorer 5* benutzerdefiniert installieren. Das bedeutet, dass Sie festlegen, welche Komponenten (zusätzlich) installiert werden sollen. Haben Sie zunächst eine TYPISCHE INSTALLATION durchgeführt oder möchten später noch andere zusätzliche Komponenten installieren, müssen Sie noch einmal das Setup aufrufen (siehe Anfang des vorherigen Abschnitts). Führen Sie dann folgende Schritte aus:

☑ Wählen Sie im Dialogfeld zu den Installationsvarianten die Option MINIMAL INSTALLIEREN UND BROWSER ANPASSEN.

Bild 3.5:
Die zu installierenden Komponenten selbst festlegen

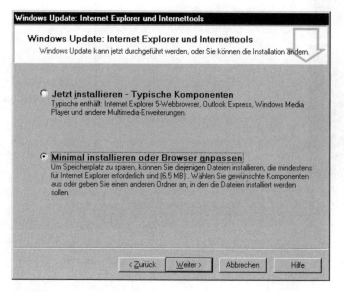

Es öffnet sich das Dialogfeld OPTIONEN FÜR KOMPONENTEN.

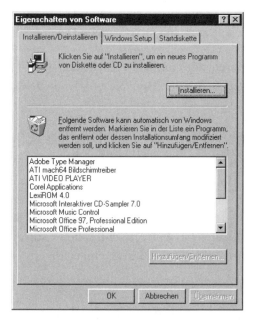

Bild 3.6:
Gewünschte
Komponenten
auswählen

☑ Wählen Sie im Dropdown-Menü oberhalb des Bildlauffeldes die Option BENUTZERDEFINIERT. Im Bildlauffeld bekommen Sie eine Liste mit all den Komponenten angezeigt, die Sie installieren können beziehungsweise bereits installiert haben. Letztere sind fettgedruckt dargestellt und lassen sich nicht mehr anwählen. Vorsicht: Selbst die Option VOLLSTÄNDIG installiert nicht alle Komponenten des Software-Paketes!

☑ Aktivieren Sie in der Rubrik WEBAUTORENKOMPONENTEN alle Kontrollkästchen (bis auf die fettgedruckte Komponente, sie ist bereits installiert) und, wenn Sie bisher keine Installation vorgenommen haben, alle Punkte unter INTERNET EXPLORER 5. Möchten Sie Audio- und Videodateien abspielen, wählen Sie zudem den WINDOWS MEDIA PLAYER unter MULTIMEDIAKOMPONENTEN.

Im unteren Bereich des Dialogfeldes bekommen Sie die Gesamtgröße der Installation angezeigt.

☑ In diesem Dialogfeld kann auch der Zielordner gewählt werden, in dem der *Internet Explorer 5* installiert werden soll. Der Pfad wird im oberen Feld angegeben. Es wird automatisch C:\PROGRAMME\INTERNET EXPLORER vorgeschlagen. Am besten, Sie belassen diesen Pfad. Sind Sie damit nicht einverstanden, dann ändern Sie den Zielordner mit Hilfe der Schaltfläche DURCHSUCHEN.

☑ Haben Sie die gewünschten Komponenten selektiert und ist der richtige Zielordner angegeben, verlassen Sie das Dialogfeld mit WEITER.

Der Assistent beginnt nun mit der Installation der Komponenten (siehe Bild 3.3) und bootet den PC neu (siehe Bild 3.4).

Möchten Sie sich in zwei Monaten beispielsweise einmal *Microsoft Chat*, *NetShow* oder *NetMeeting* ansehen oder brauchen Sie eines Tages die Sprachunterstützung für Japanisch, dann installieren Sie diese Komponenten auf gleiche Weise nachträglich. Auf diese und andere Programme wird in Kapitel 3.5 kurz eingegangen.

3.1.3 Den *Internet Explorer* deinstallieren

An dieser Stelle möchte ich Ihnen auch gleich verraten, wie Sie den *Internet Explorer* wieder deinstallieren.

☑ Öffnen Sie über das START-Menü EINSTELLUNGEN • SYSTEMSTEUERUNG.

☑ Starten Sie in dem Fenster SYSTEMSTEUERUNG das Programm SOFTWARE. Das Registerblatt INSTALLIEREN/DEINSTALLIEREN ist geöffnet.

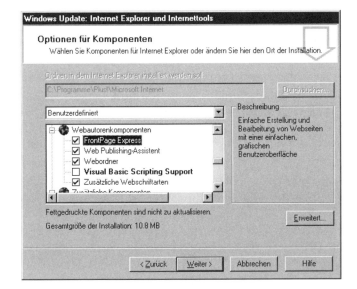

Bild 3.7:
Programme und/oder Komponenten deinstallieren

☑ Selektieren Sie unten in der Liste *Microsoft Internet Explorer 5.0*, wenn Sie den Internet Explorer und all seine Komponenten entfernen möchten. Sollen nur einzelne Komponenten gelöscht werden, markieren Sie lediglich diese.

☑ Klicken Sie auf die Schaltfläche HINZUFÜGEN/ENTFERNEN.

☑ In den nachfolgenden Dialogfeldern werden Sie jeweils um eine Bestätigung Ihres Löschauftrags gebeten.

3.2 Der HTML-Editor *FrontPage Express*

Dieser Webeditor ist die abgespeckte Microsoft-Version von *FrontPage*, einem sehr leistungsstarken Programm für professionelle Webseitendesigner. *FrontPage Express* bietet nicht ganz so tolle Layouts und Features wie sein großer Bruder, stellt aber eine riesige Hilfe und Zeitersparnis dar und hat Beachtliches zu bieten.

Denn die meisten Dinge wie Text- und Absatzformatierungen, das Einladen von Graphiken und sogar die Erstellung von Aufzählungen, Listen und Tabellen werden Ihnen als Webseitenautor fast abgenommen.

Statt sich mühselig den HTML-Code zusammen zu suchen, gibt man einfach einen Befehl, zum Beispiel FORMAT ♦ ZEICHEN ♦ FETT, und das Programm übersetzt diesen Befehl automatisch in HTML, die sogenannte Dokumentenbeschreibungssprache. Warum sollte man sich also mit dem manchmal schwer verdaulichen HTML direkt abmühen, wenn es auch einfach geht?

Außerdem arbeitet *FrontPage Express* nach dem WYSIWYG-Prinzip. Diese Abkürzung steht für „what you see is what you get" und bedeutet, dass Sie Ihr HTML-Dokument im Editor so angezeigt bekommen, wie es auch der Besucher Ihrer Webseite im Browser sehen wird. Der Editor ist nämlich auch sein eigener Webbrowser.

Was ist nun ein Browser? Wahrscheinlich wissen Sie schon, dass ein Browser (sprich 'Brauser') nichts mit einem Duschkopf zu tun hat, sondern ein Programm ist, das Webseiten darstellen kann. Im Gegensatz zum *Internet Explorer Browser* kann man mit *FrontPage Express* nicht im Internet surfen. Doch sein eingebauter Browser zeigt die von Ihnen erstellte Webseite so an, wie sie Besucher im Internet sehen würden (mit ganz wenigen Ausnahmen).

Dennoch sollen Sie in diesem Buch an die Geheimnisse von HTML herangeführt werden. Vergleichend werden wir uns den Text ansehen, den der Browser anzeigt, und den dazugehörigen HTML-Code. So bekommen Sie einen Überblick, wie HTML funktioniert, ohne die Befehle auswendig lernen zu müssen.

Möchten Sie auf Ihrer Webseite Dinge realisieren, die *FrontPage Express* oder ein anderer Webeditor nicht zu bieten hat, dann werden Sie in der Lage sein, mit Hilfe Ihrer gewonnenen Kenntnisse über HTML die entsprechenden Befehle selbst zu geben. Auch weiterführende HTML-Bücher werden Sie verstehen können.

3.3 *FrontPage Express* starten

Da Sie wahrscheinlich in Zukunft häufiger mit diesem Programm arbeiten werden, ist es ratsam, sich das Symbol auf den Desktop zu legen. Dann können Sie das Programm ganz bequem direkt vom Desktop aus per Doppelklick aufrufen.

Und das geht so:

☑ Starten Sie den *Windows-Explorer* (START ♦ PROGRAMME ♦ WINDOWS-EXPLORER), und verkleinern Sie sein Fenster so, dass ein Bereich des Desktops sichtbar ist.

☑ Suchen Sie im *Windows-Explorer* die Anwendung *FrontPage Express* (C: ♦ PROGRAMME ♦ FRONTPAGE EXPRESS ♦ BIN ♦ FPXPRESS).

☑ Klicken Sie FPXPRESS mit der rechten Maustaste an und

☑ wählen Sie im Kontextmenü den Eintrag VERKNÜPFUNG ERSTELLEN.

Nun haben Sie das Symbol von *FrontPage Express* – Block und Feder – auf den Desktop platziert. Dabei wurde das Symbol mit dem Programm verknüpft und lässt sich nun per Doppelklick starten.

Wenn Sie möchten, können Sie die Symbolbezeichnung VERKNÜPFUNG MIT FPXPRESS umbenennen, etwa in FRONTPAGE EXPRESS.

☑ Klicken Sie dazu das Symbol mit der rechten Maustaste an, und wählen im Kontextmenü den Eintrag UMBENENNEN.

☑ Überschreiben Sie die invers markierte Symbolbezeichnung mit FRONTPAGE EXPRESS.

Doppelklicken Sie auf das Symbol, wird das Programm gestartet, und es öffnet sich folgendes Fenster:

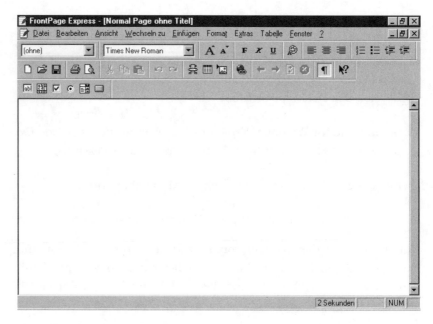

Bild 3.8:
Die FrontPage Express-Oberfläche, frisch nach dem Aufrufen

Arbeiten Sie später nur noch selten mit diesem Programm und möchten auf Ihrem Desktop Ordnung schaffen, dann können Sie das Symbol auch über das Kontextmenü mit dem Befehl LÖSCHEN entfernen. Damit löschen Sie lediglich die Verknüpfung, nicht aber das Programm!

3.4 Die benutzerfreundliche Oberfläche von *FrontPage Express*

Dieser Webeditor ist ein typisches Windows-Programm, wie Sie sicherlich sofort bemerkt haben. Es ist entsprechend einfach zu bedienen und wird Ihnen, bis auf einige wenige Symbole, gleich vertraut vorkommen.

Zu Ihrer Erinnerung möchte ich Sie noch kurz mit einigen Windowsspezifischen Begrifflichkeiten konfrontieren, damit wir in Zukunft auch das Gleiche meinen. Das Bild 3.9 gibt dazu eine schöne Übersicht. Um die Details geht es dann erst in den jeweiligen Kapiteln, wenn wir aktuell damit arbeiten. Schließlich sollen Sie sich ja auf keinen Fall langweilen!

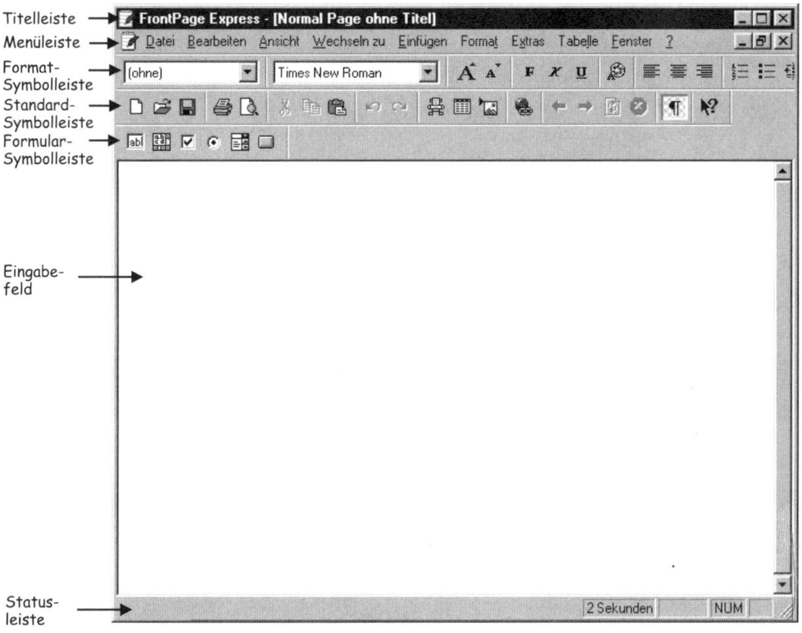

Bild 3.9:
Übersicht zur
Erinnerung der
Fachbegriffe

(Abbildung: FrontPage Express-Fenster mit Beschriftungen: Titelleiste, Menüleiste, Format-Symbolleiste, Standard-Symbolleiste, Formular-Symbolleiste, Eingabefeld, Statusleiste)

Arbeiten Sie mit einem Notebook, dann würden Sie sich vielleicht manchmal ein größeres Eingabefeld wünschen. Standardmäßig werden bei *FrontPage Express* alle Leisten angezeigt.

Diese Leisten können Sie einzeln ausblenden. Einige Leisten benötigt man häufig und sollte sie tunlichst angezeigt lassen. Doch manche kann man durchaus zumindest vorübergehend ausblenden, wie zum Beispiel die Statusleiste und die Formular-Symbolleiste. Wenn Sie zu einem späteren Zeitpunkt ein Formular erstellen möchten, dann lassen Sie sich die Leiste einfach wieder anzeigen.

So blenden Sie eine Leiste aus:

☑ Klicken Sie auf der Menüleiste auf ANSICHT. In dem Menü sind die Leisten aufgeführt, die Sie aus- und einblenden können.

☑ Selektieren Sie die Leiste, die Sie zur Zeit nicht mehr angezeigt haben möchten. Die Leiste verschwindet auf dem Bildschirm.

Bild 3.10:
Die Formular-
Symbolleiste
ausblenden

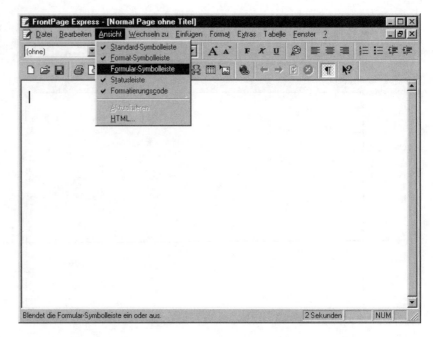

Wenn Sie nun das Menü zu ANSICHT nochmals öffnen, sehen Sie, dass sich im Gegensatz zu den anderen Eintragungen vor der ausgeblendeten Leiste kein Häkchen mehr befindet. Sie ist deaktiviert. Klicken Sie sie erneut an, wird sie wieder eingeblendet und erhält im Menü ANSICHT ein Häkchen.

3.5 Andere Komponenten des *Internet Explorers*

Der eigentliche Browser des *Internet Explorers*, der sinnigerweise den gleichen Namen wie das gesamte Softwarepaket trägt und daher oft *Internet Explorer Browser* genannt wird, ist so umfangreich, dass man alleine darüber ein Buch schreiben kann (und so geschehen: In derselben Reihe „echt einfach" entführt der Cowboy-Fan Mike seine Leser in die Welt des *Internet Explorers*).

Zu dem Paket gehören noch andere Programme, die ich nur kurz anreißen möchte.

3.5.1 Der *Internet Explorer Browser* zum Surfen

Klicken Sie nach der Installation des *Internet Explorers* auf das kleine **e** auf dem Desktop, können Sie in die Geheimnisse des Internets eindringen. (Natürlich nur, wenn Sie auch über einen Internetanschluss verfügen und Sie bereits eine Internetverbindung hergestellt haben. Ist letzteres noch nicht der Fall, dann hilft Ihnen der Assistent für den Internetzugang dabei.)

Kann Sie eine hohe Telefonrechnung nicht mehr erschüttern, können Sie sich hemmungslos dem Surfen hingeben, mal schauen wie die Kurse an der Börse Tokios stehen, ob der Otto-Versand etwas Neues zu bieten hat, wann am Freitag der passende Zug von Gießen nach Osnabrück fährt, was der „Spiegel" so berichtet, ob es neue Wahl-Witze gibt, und was geht am Wochenende in Frankfurt ab? Ach ja, das eine Buch wollte ich doch auch noch bestellen ...

Wie auch mit anderen Webbrowsern können Sie von Internet- zu Internetseite mit ZURÜCK, VORWÄRTS oder STARTSEITE umher manövrieren, Seiten speichern, drucken und Adressen in Ihre Favoritenliste ablegen.

Wir werden uns später kurz mit dem *Internet Explorer* beschäftigen, wenn wir die fertig erstellten Webseiten in diesem Webbrowser aufrufen.

3.5.2 Für die E-Mail: *Outlook Express*

Der zweite Schnellzug im Bunde ist der *Outlook Express*. Mit diesem Programm können Sie elektronische Post aus dem Internet beziehen, verwalten und selbst verschicken. Ihre Briefe können Sie offline lesen und schreiben, also ohne dass der Telefonzähler tickt.

Zudem können Sie relativ bequem weltweit nach E-Mail-Adressen fahnden, denn Sie haben Zugriff auf ein virtuelles Internet-Adressverzeichnis. Erwähnenswert ist auch, dass *Outlook Express* über einen HTML-Editor verfügt. So können Sie Ihre Mail wie eine Webseite gestalten.

3.5.3 Konferenzen mit *NetMeeting* abhalten

NetMeeting ist eine weitere Kommunikationskomponente. Halten Sie mit Herrn Awachi in Nagoya und Frau Schöller in München eine Konferenz an Ihrem PC ab. Ganz bequem von Ihrem gewohnten Bürostuhl aus, ohne lange Anreise und hohe Kosten. Gemeinsam können Sie beispielsweise Dokumente bearbeiten. Ist die technische Ausstattung vorhanden, können sich die Konferenzteilnehmer sogar sehen und hören.

3.5.4 Mit Snoopy und Biene Maja im virtuellen *Chatraum*

Im Gegensatz zum *NetMeeting* hat der *Chatraum* einen eher legeren, geselligen Charakter. Man unterhält sich mit anderen Teilnehmern, die sich zur gleichen Zeit im *Chatraum* eingeloggt haben. Dabei kann der Teilnehmer in eine Comicfigur schlüpfen und seine Gesprächsbeiträge in Sprechblasen tippen.

3.5.5 Als DJ und Moderator im Internet

Das Programm *NetShow* gehört zu den Multimedia-Komponenten und ermöglicht Ihnen, Ihre eigene Hörfunksendung zu gestalten. Dabei kreieren Sie eine Audio-Datei, die Sie zusätzlich mit Bildern anreichern können.

3.6 Umstellung auf *Microsoft FrontPage*

Sollten Sie später einmal mit dem professionellen Programm *FrontPage* arbeiten wollen, können Sie Ihre mit *FrontPage Express* erstellten Webseiten problemlos umstellen. Da *FrontPage Express* auf der Grundlage seines großen Bruders entwickelt wurde, wird Ihnen dann vieles bereits bekannt vorkommen.

Im Vergleich zu *FrontPage Express* können Sie mit *FrontPage* das Web uneingeschränkt bearbeiten und verwalten. Für professionelle Webautoren und Administratoren von Webseiten stellt es ein vollständiges Paket dar.

4 Und los geht's: Eine Webseite erstellen

Das Erstellen einer Webseite ist keine Hexerei, vor allem nicht, wenn man so einen benutzerfreundlichen und leistungsfähigen Editor wie *FrontPage Express* hat! Während Sie das Dokument erstellen und bearbeiten, arbeiten Sie offline. Lediglich beim Publizieren, wenn Sie also die fertigen Webseiten auf den Server Ihres Internetdienstanbieters (z.B. T-Online, CompuServe, AOL, Metronet) schicken, müssen Sie eine Verbindung zu Ihrem Anbieter aufnehmen.

In diesem Kapitel werden wir eine schon recht passable Internetseite fertigstellen. Es geht um Textelemente und deren Formatierung, wie Sie Ihre Adresse einfügen und Ihr neu erstelltes Dokument speichern.

4.1 Mit dem Text der Homepage beginnen

Jetzt sollten Sie die Notizen herausholen, auf denen Sie die Planung Ihrer Webseiten gemacht haben und *FrontPage Express* aufrufen. Doppelklicken Sie dafür auf das Symbol, das Sie auf den Desktop gelegt haben (siehe Kapitel 3.3).

4.1.1 Den Text eingeben und bearbeiten

Tippen Sie einfach den Text ein, der auf Ihre erste (Probe-) Homepage kommen soll. Setzen Sie nur dann ein ⏎, wenn ein neuer Absatz beginnen soll.

Zum Ausprobieren habe ich folgende Sätze in den Editor von *FrontPage Express* eingegeben:

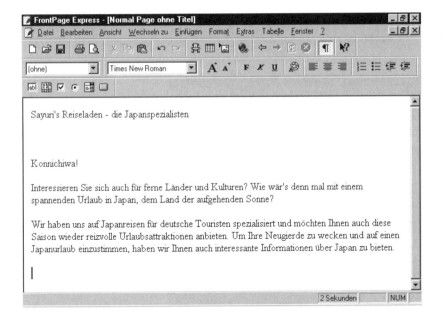

Bild 4.1:
Die ersten Zeilen für die erste Webseite

Die Bearbeitung des Textes führen Sie wie in einem anderen Windowsfähigen Textverarbeitungsprogramm durch.

4.1.2 Den Text formatieren

Natürlich sieht ein unformatierter Text etwas blöd aus. Die Textelemente lassen sich zum Teil wie bei einem normalen Textverarbeitungsprogramm über FORMAT ♦ ZEICHEN oder FORMAT ♦ ABSATZ in Fasson bringen.

Die Schrift

Die Standardschrift ist TIMES NEW ROMAN 14 Punkt in schwarz. Um Schriftformatierungen vorzunehmen, markieren Sie den Text, und öffnen Sie das Dialogfeld ZEICHEN. Natürlich gibt es auch dafür verschiedene Möglichkeiten:

- Verwenden Sie den Befehl FORMAT ♦ ZEICHEN oder
- BEARBEITEN ♦ ZEICHENEIGENSCHAFTEN.
- Öffnen Sie mit der rechten Maustaste das Kontextmenü, und selektieren Sie dort ZEICHENEIGENSCHAFTEN.

- Auch die Tastenkombination [alt]+[↵] öffnet das Dialogfeld ZEICHEN.

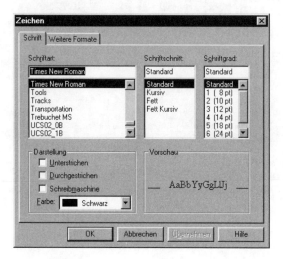

Bild 4.2:
Das Dialogfeld zur Textformatierung

Möchten Sie nicht die Standardschrift TIMES NEW ROMAN verwenden, dann markieren Sie Ihren gesamten Text mit der Maus, über BEARBEITEN ♦ ALLES MARKIEREN oder mit der Tastenkombination [Strg]+[A], und wählen Sie im Dialogfeld ZEICHEN die gewünschte Schrift. Im Fenster VORSCHAU sehen Sie eine Schriftprobe Ihrer Auswahl. Bestätigen Sie die Einstellungen mit einem Mausklick auf die Schaltfläche OK, oder nehmen Sie erst noch andere Schriftformatierungen vor.

Mit der Wahl des Fonts ...

speziell für Ihre Webseite ist das so eine Sache. Sicherlich ist Ihnen schon aufgefallen, dass fast alle Autoren von Internetseiten die Schriftarten TIMES NEW ROMAN oder ARIAL verwenden. Das ist nicht besonders einfallsreich, hat aber seinen Grund. Denn wenn die von Ihnen gewählte exotische Schriftart nicht auf dem Rechner des Surfers installiert ist, kann der Browser den Text zwar lesen, benutzt für die Anzeige dann jedoch eine einfache Ersatzschriftart und der ganze mühsam formatierte Effekt ist hinüber. Da hilft dann auch das schönste Layout nichts mehr. Möchte man also auf der sicheren Seite sein, wählt man eine der verbreitetsten Schriftarten – wie alle anderen auch.

In der Gruppe SCHRIFTSCHNITT können Sie die Textattribute KURSIV, FETT sowie KURSIV UND FETT selektieren, um bestimmte Wörter oder Textpassagen hervorzuheben.

Sieben verschiedene Schriftgrößen stehen dem *FrontPage Express*-Anwender zur Auswahl, von 8 Punkt bis 36 Punkt. Wählen Sie in der Gruppe SCHRIFTGRAD die gewünschte Größe aus.

In der Gruppe DARSTELLUNG können die Optionen UNTERSTRICHEN, DURCHGESTRICHEN und SCHREIBMASCHINE gewählt werden. Hier stellt man auch die gewünschte Schriftfarbe ein. Darum geht es aber noch ausführlicher in Kapitel 6.1.

Im Vorschau-Fenster sehen Sie jeweils die aktuelle, von Ihnen selektierte Einstellung. Das nächste Bild zeigt die möglichen Textformatierungen. Natürlich können Sie auch mehrere Textformatierungen selektieren.

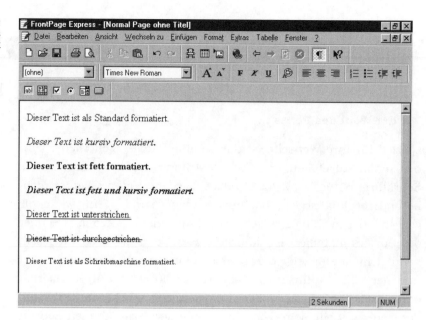

Bild 4.3:
Textformatierungen des Registerblatts Schrift

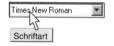

Alternativ zum Dialogfeld ZEICHEN können Sie die wichtigsten Textformatierungen auch über die Format-Symbolleiste durchführen. Wenn Sie beispielsweise die Schriftart ändern möchten, geht das am schnellsten über das Dropdown-Menü zu SCHRIFTART. Klicken Sie auf die kleine Schaltfläche mit der nach unten gerichteten Pfeilspitze, und selektieren Sie in der aufgeklappten Liste die gewünschte Schriftart.

Ist Ihnen die Schriftgröße des Textes zu klein oder zu wuchtig, können Sie sie auch über die Schaltflächen SCHRIFT VERGRÖßERN bzw. SCHRIFT VERKLEINERN um jeweils einen Schriftgrad nach oben bzw. unten setzen, ohne erst das Dialogfeld ZEICHEN zu öffnen.

Um Textpassagen hervorzuheben, klicken Sie auf die Schaltflächen FETT, KURSIV und/oder UNTERSTRICHEN.

FrontPage Express bietet Ihnen auch noch weitere Formatierungsmöglichkeiten, um Textpassagen hervorzuheben. Aktivieren Sie im Dialogfeld ZEICHEN das Registerblatt WEITERE FORMATE.

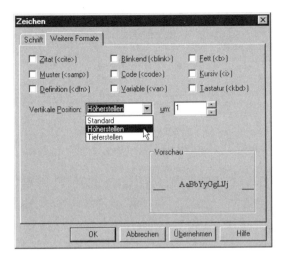

Bild 4.4:
Das Registerblatt
Weitere Formate

Je nachdem, ob Sie ein Zitat, Beispiel, eine Definition, einen Programmcode, eine Variable oder Tastatureingabe darstellen, oder Text durch eine blinkende, emphatische („KURSIV") oder stark betonte („FETT") Formatierung hervorheben möchten, klicken Sie das entsprechende Kontrollkästchen an.

In dem Dropdown-Menü zu VERTIKALE POSITION können Sie Text HÖHERSTELLEN oder TIEFERSTELLEN. Im Feld UM geben Sie den Grad der vertikalen Abweichung an.

Es ist durchaus möglich, Formatierungen beider Registerblätter zu kombinieren. So können Sie beispielsweise die Darstellung UNTERSTRICHEN im Registerblatt SCHRIFT wählen und die Einstellung DEFINITION im Registerblatt WEITERE FORMATE. Im VORSCHAU-Fenster sehen Sie dann die Auswirkung beider Formatierungen: einen unterstrichenen und kursiven Text.

Das nächste Bild zeigt die möglichen Formatierungen dieser Rubrik.

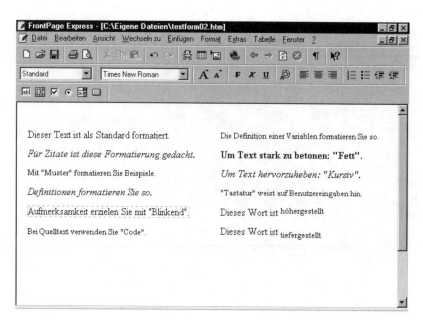

Bild 4.5:
Textformatierungen
des Registerblatts
Weitere Formate

Wie Sie sehen, können mehrere Optionen die gleiche Formatierung aufweisen. So werden Zitate und Definitionen im *Internet Explorer* kursiv dargestellt, für als MUSTER, CODE, VARIABLE oder TASTATUR formatierten Text wird die Schreibmaschinenschrift gewählt.

Sicherlich haben Sie sich schon gefragt, warum Sie bestimmte Formate einstellen, die dann doch auf die gleiche Weise formatiert werden, und warum es auf beiden Registerblättern die Optionen FETT und KURSIV gibt.

Das liegt daran, dass HTML zwischen den sogenannten physischen und logischen Auszeichnungen unterscheidet. Die von Ihnen gewählten Zeichenformatierungen werden vom Webbrowser unterschiedlich behandelt.

Die **physischen Attribute** bestimmen eindeutig, wie der Text dargestellt wird und werden somit allein vom Autor kontrolliert. Der Webbrowser wird also den Formatierungsanweisungen des HTML-Dokuments strikt folgen und den Text genau so ausgeben, wie es vom Autor gewollt wurde (vorausgesetzt, alle Formatierungen stehen zur Verfügung). Daher nennt man die physischen Attribute auch harte Formate.

Bei **logischen Attributen** hingegen entscheidet der Browser, wie er was darstellen wird, der Autor legt lediglich fest, was hervorgehoben werden soll und weist dem Text eine bestimmte Bedeutung zu. Diese Zeichenformatierungen entsprechen eher dem HTML-Grundprinzip. Da der Webbrowser die Formatierungen flexibel interpretiert, spricht man hier von weichen Formaten.

Welche Zeichenformatierung welchem Attribut zugeordnet ist, können Sie in Kapitel 5 den Tabellen 5.1 und 5.2 entnehmen.

Die Absatzausrichtung

Standardmäßig richtet *FrontPage Express* alle Absätze links aus. Möchten Sie Ihren Text oder andere Elemente aber zentriert oder rechtsbündig formatieren, dann

- ☑ klicken Sie den auszurichtenden Absatz an und

- ☑ wählen auf der Format-Symbolleiste die entsprechende Schaltfläche LINKSBÜNDIG, RECHTSBÜNDIG bzw. ZENTRIERT.

- ☑ Oder öffnen Sie im Dialogfeld ABSATZEIGENSCHAFTEN das Dropdown-Menü ABSATZAUSRICHTUNG und selektieren die gewünschte Ausrichtung. Klicken Sie dann auf die Schaltfläche OK. (Das Dialogfeld öffnen Sie mit dem Befehl FORMAT ♦ ABSATZ oder über die Eintragung ABSATZEIGENSCHAFTEN im Kontextmenü.)

Bild 4.6:
Die Absatzausrichtung und die Überschrift formatieren

Suchen Sie die Formatierung für Blocksatz, so suchen Sie vergeblich: *FrontPage Express* bietet diese Formatierungsoption nicht an.

Die Überschriften

Die Überschrift formatiert man am besten im Dialogfeld ABSATZEI-GENSCHAFTEN, das Sie über FORMAT ♦ ABSATZ öffnen. Dort können Sie unter sechs Überschriftenebenen wählen und auch gleich ihre Absatzausrichtung festlegen. Sie können eine der Überschriftenebenen auch über das Dropdown-Menü FORMATVORLAGE der Format-Symbolleiste auswählen, jedoch keine Absatzausrichtung.

Die Überschrift erster Ordnung ist 24 Punkt groß und macht entsprechend richtig was her. Die Überschrift zweiter Ordnung ist 18 Punkt groß und Überschrift 3 ist mit 14 Punkt formatiert.

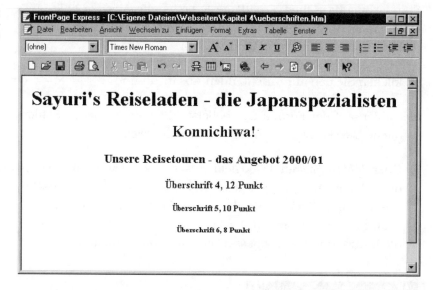

Bild 4.7:
Sechs Überschriftenebenen

Rückgängig machen

Im Gegensatz zum wirklichen Leben können Sie einen Fehler rückgängig machen, als wäre nichts gewesen. Dieser Befehl ist zumindest zeitsparend, und manchmal sogar Gold wert. Leider kann in *FrontPage Express* nur die letzte Aktion rückgängig gemacht werden, und zwar über BEARBEITEN ♦ RÜCKGÄNGIG oder der gleichnamigen Schaltfläche auf der Standard-Symbolleiste. Wenn ein Fehler passiert ist, müssen Sie also sofort, als erste Aktion nach dem Fehler, die Rückgängigfunktion anwenden!

4.2 Eine Trennlinie zur Auflockerung

Man sieht sie sehr häufig bei Internetseiten: die horizontalen Linien. Mit diesem graphischen Element schlägt man zwei Fliegen mit einer Klappe. Zum einen kann man Absätze ohne viel Platzverlust optisch deutlich abgrenzen und zum anderen erhält man gleichzeitig ein aufgelockertes, abwechslungsreiches und strukturiertes Bild. Natürlich darf eine Seite nicht mit Trennlinien überladen werden. Häufig wird die Überschrift vom restlichen Text durch eine Trennlinie getrennt.

☑ Bewegen Sie die Eingabemarke hinter den letzten Buchstaben der Überschrift oder des Wortes, nach dem Sie eine Trennlinie einfügen möchten.

☑ Klicken Sie dann auf EINFÜGEN und wählen im Dropdown-Menü die Eintragung HORIZONTALE LINIE. Sie wird eingefügt.

Bild 4.8:
Einfügen ♦ Horizontale
Linie – et voilà!

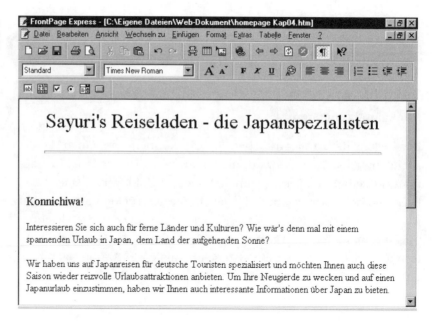

Ist Ihnen die Linie zu blass, dünn oder lang, können Sie ihr Aussehen in einem Dialogfeld ändern. Um es zu öffnen, geben Sie den Befehl BEARBEITEN ♦ EIGENSCHAFTEN: HORIZONTALE LINIE, tippen Sie die Tastenkombination [alt]+[↵], wählen Sie im Kontextmenü die entsprechende Option, oder führen Sie einfach auf der Linie einen Doppelklick aus. (Kontextmenüs werden mit der rechten Maustaste geöffnet.)

Bild 4.9:
Das Designelement
Trennlinie nach
Geschmack verändern

- **Breite**: Sie gibt die Linienlänge an. Bei der Einstellung 100% füllt die Linie das gesamte Fenster beziehungsweise die gesamte Bildschirmbreite aus.

54 Und los geht's: Eine Webseite erstellen

Lieber in % als in Pixel

Geben Sie die Breite der horizontalen Linie besser in einem Prozentwert an als in Pixel. Denn nur so erscheint die Linie im Webbrowser des Besuchers wie Sie das möchten, unabhängig von der Bildschirmauflösung seines Monitors und von der Größe des Fensters.

- **Höhe**: Hier können Sie die Liniendicke wählen. Ist sie zu wuchtig, kann man schwerlich von einem auflockernden Element sprechen. Probieren Sie einfach einmal einige Einstellungen aus.
- **Ausrichtung**: Ist die maximale Linienbreite nicht eingestellt, kann zwischen einer linksbündigen, zentrierten oder rechtsbündigen Ausrichtung gewählt werden.
- **Farbe**: Zwischen 16 verschiedenen Farben können Sie auswählen. Ist dennoch die Farbe Ihrer Träume nicht dabei, können Sie unter BENUTZERDEFINIERT im Dialogfeld FARBE Ihrer künstlerischen Kompositionslust freien Lauf lassen (siehe Kapitel 6). Doch dann besteht die Gefahr, dass ein Besucher Ihrer Webseite aufgrund seines Webbrowsers und seiner Hardware Ihre geniale Farbkomposition eventuell nicht schätzen lernen kann.
- **Schattierung**: Soll die Linie nicht schattiert sein, deaktivieren Sie das Kontrollkästchen.

Gefallen Ihnen die Linien trotz Formatierung nicht, gibt es immer noch die Möglichkeit, eine graphische Linie als Bild einzufügen (siehe Kapitel 9).

4.3 Die Adresse einfügen

Am Ende der Homepage sollte jeder Autor seine Adresse einfügen. So weiß der Besucher, mit wem er es zu tun hat und bekommt die Chance, den Autor der Webseite zu kontaktieren, um Ihnen beispielsweise einen Job anzubieten, weitere Informationen über das Produkt zu erfragen oder einfach nur einen Kommentar zur Webseite zukommen zu lassen.

Wieviel Sie von Ihrer Adresse preisgeben, liegt natürlich allein bei Ihnen und richtet sich nach Ihren Erwartungen. Schreiben Sie eine persönliche Homepage, reicht Ihre E-Mail-Adresse. Natürlich gebe ich auf meiner kommerziellen Homepage auch Telefon- und Faxnummer an, weil ich den Kunden das Kontaktieren so leicht wie möglich machen möchte – davon lebt der Laden schließlich.

Adressen werden speziell als solche formatiert. Die Webbrowser stellen sie dann in einer bestimmten Schriftformatierung dar, die sich vom restlichen Text abhebt.

Zunächst habe ich eine horizontale Linie eingefügt, um den Text von den Kontaktinformationen optisch abzutrennen. „So erreichen Sie uns:" wurde als Überschrift 3 formatiert. Die markierte Adresse formatieren Sie im Dialogfeld ABSATZEIGENSCHAFTEN (siehe Bild 4.6). Dieses Dialogfeld öffnen Sie entweder über das Dropdown-Menü der Formatvorlage auf der Format-Symbolleiste, über FORMAT ♦ ABSATZ, oder wählen Sie im Kontextmenü die Eintragung ABSATZEIGENSCHAFTEN (Kontextmenüs öffnet man immer mit der rechten Maustaste). Selektieren Sie in der Liste ABSATZFORMAT die Eintragung ADRESSE.

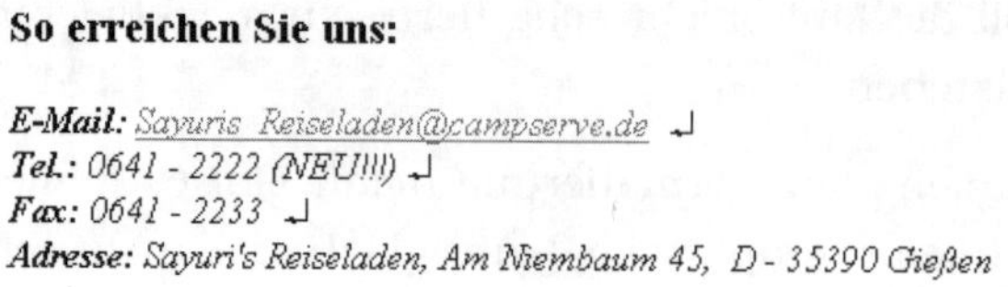

Bild 4.10:
Der „Absender"
der Homepage

So erreichen Sie uns:

E-Mail: <u>Sayuris_Reiseladen@campserve.de</u> ↵
Tel.: 0641 - 2222 (NEU!!!) ↵
Fax: 0641 - 2233 ↵
Adresse: Sayuri's Reiseladen, Am Niembaum 45, D - 35390 Gießen

4.4 Das Dokument speichern und aufrufen

Nun haben Sie schon einige Mühen und Zeit in Ihr erstes Werk investiert. Es wird Zeit, es zu speichern.

4.4.1 Die Webseite speichern

☑ Selektieren Sie im Menü DATEI die Option SPEICHERN UNTER. Das entsprechende Dialogfeld öffnet sich.

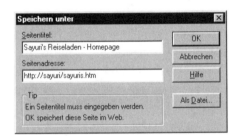

Bild 4.11:
Die Webseite zum ersten Mal speichern

☑ Verändern oder ergänzen Sie den Seitentitel. Der Seitentitel ist der Titel Ihrer Webseite.

Möchten Sie sicherstellen, dass der Seitentitel auch von älteren Webbrowsern völlig korrekt wiedergegeben wird, sollte er keine Sonderzeichen (ß, ä, ü, ö u.a.) enthalten und nicht länger als 64 Zeichen lang sein. Ich habe mich für den Titel „Sayuri's Reiseladen – Homepage" entschieden.

FrontPage Express schlägt automatisch eine Seitenadresse vor. Sie können sie natürlich auch verändern oder aber zunächst einfach den Vorschlag akzeptieren. Wichtig bei der Adresse ist, dass die Dateinamenserweiterung HTM heißt. Ansonsten kann der Webbrowser die Datei nicht lesen.

Die Wahl des Seitentitels ist wichtig

Beim Lesen des Titels sollte man auf den Inhalt des Dokuments schließen können. Er sollte aussagekräftig und wohlüberlegt sein. Warum? Der Titel erscheint beim Besucher auf der Titelzeile des Anzeigefensters des Browsers. Er wird auch im Auswahlmenü der Favoriten-Liste angezeigt, wenn die Webseite als Lesezeichen (= Bookmarks) gespeichert wird. Außerdem wird der Seitentitel vom Webbrowser in der Liste der bereits besuchten Webseiten aufgeführt. Seine Wörter landen zudem in den Stichwortverzeichnissen mancher Suchmaschinen, so dass Ihre Datei und ihr Inhalt entsprechend besser auffindbar sind: Der Seitentitel ist also sehr wichtig!

OK speichert diese Seite im Web!

Klicken Sie jetzt nicht voreilig auf die Schaltfläche OK. Dies würde Ihr – bis jetzt noch unvollendetes – Werk schon im World Wide Web veröffentlichen und Surfer von Deutschland über Papua Neuguinea bis Alaska gleichermaßen verwundern (oder verärgern).

☑ Klicken Sie auf die Schaltfläche ALS DATEI. Es öffnet sich ein weiteres Dialogfeld.

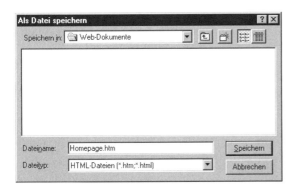

Bild 4.12:
Die unfertige Webseite als Datei speichern

- ☑ Wählen Sie den Ordner, in dem Sie die Datei ablegen möchten (Ich habe mir einen extra Ordner angelegt, in dem ich alle meine Webseiten ablegen werde.)

- ☑ Ändern Sie gegebenenfalls den vorgeschlagenen Dateinamen ab, und

- ☑ bestätigen Sie mit SPEICHERN.

Möchten Sie Ihr Dokument das nächste Mal speichern, brauchen Sie nur noch in der Standard-Symbolleiste auf die Schaltfläche mit der Diskette zu klicken. Natürlich sind die Tastenkombination [Strg]+[S] oder DATEI ♦ SPEICHERN auch Alternativen.

4.4.2 Eine Musterseite speichern

Haben Sie vor, nicht nur eine Homepage, sondern ein aus mehreren Seiten bestehendes Web zu erstellen, dann ist es sinnvoll, diese Seite auch als Musterseite zu speichern. Da die verschiedenen Webseiten Ihres Webs optisch zueinander passen sollten, sollten sie auch alle grob das gleiche optische Erscheinungsbild haben.

Alle Seiten beginnen zudem mit einer Überschrift der ersten Ordnung, darauf folgt meist eine Trennlinie und dann Standardtext. Kurzum, Sie ersparen sich Zeit und Mühe, wenn Sie einfach eine Musterseite aufrufen und diese verändern, statt eine Seite komplett neu zu gestalten, wobei Sie dann immer noch einmal nachschauen müssen, wie Sie denn auf Ihrer ersten Seite beispielsweise die horizontale Linie genau formatiert hatten.

Das wird natürlich später noch viel interessanter, wenn Sie mehr Gestaltungselemente eingebracht haben, wie zum Beispiel eine Hintergrundfarbe. So erstellen Sie sich eine Musterseite:

- ☑ Rufen Sie Ihre Webseite auf, mit deren Formatierung Sie fertig und zufrieden sind, und die Sie zur Musterseite machen möchten.

- ☑ Löschen Sie die erste Überschrift und den Text bis auf wenige Buchstaben sowie die Adressenangabe.

- ☑ Geben Sie den Befehl DATEI ♦ SPEICHERN UNTER (wichtig!) ein, und

- ☑ nennen den Seitentitel zum Beispiel Musterseite.

- ☑ Klicken Sie auf die Schaltfläche ALS DATEI, und

- ☑ OK speichert die Datei in dem gewählten Ordner.

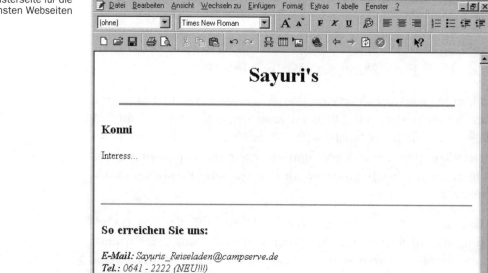

Bild 4.13:
Die Musterseite für die nächsten Webseiten

Wenn Sie mit einer zweiten Webseite beginnen möchten, dann rufen Sie die Datei auf, die Sie als Musterseite gespeichert hatten, und nutzen Sie sie als Ausgangsdokument. Vergessen Sie aber nicht, sie rechtzeitig unter einem anderen Namen (DATEI ♦ SPEICHERN UNTER) zu speichern, sonst ist Ihre ehemalige Musterseite futsch.

4.4.3 Ihr Dokument aufrufen

Um Ihre Webseite zu öffnen,

☑ wählen Sie DATEI ♦ ÖFFNEN, oder klicken Sie auf die Schaltfläche ÖFFNEN. Es erscheint das Dialogfeld DATEI ÖFFNEN.

Bild 4.14:
Ein Dokument aufrufen

☑ Klicken Sie auf die Schaltfläche DURCHSUCHEN, und selektieren Sie bequem im zweiten Dialogfeld DATEI ÖFFNEN die gewünschte Datei.

Bild 4.15:
Klicken Sie die
gewünschte Datei an

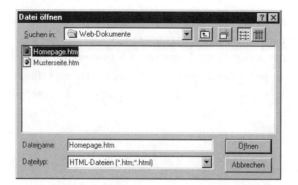

☑ Klicken Sie auf die Schaltfläche ÖFFNEN.

Am schnellsten können Sie eine Datei öffnen, wenn sie im DATEI-Menü aufgelistet ist. Dort stehen bis zu vier Dateien, mit denen Sie zuletzt gearbeitet haben. Klicken Sie dort die gewünschte Datei an, um sie zu öffnen.

Bild 4.16:
Ein Dokument schnell
über das Datei-Menü
aufrufen

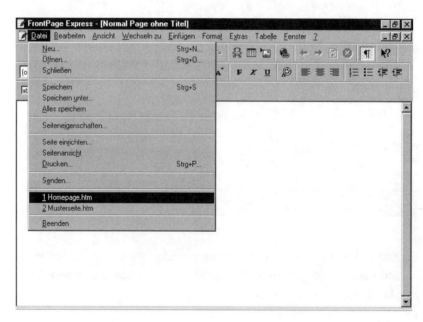

Haben Sie bereits ein Dokument oder mehrere aufgerufen, können Sie von einem zum anderen mit Hilfe der Schaltflächen ZURÜCK beziehungsweise VORWÄRTS springen oder den entsprechenden Befehl

über das Menü WECHSELN ZU geben. Natürlich können Sie auch im
FENSTER-Menü den entsprechenden Listeneintrag wählen.

4.5 Webseite drucken

Möchten Sie Ihre Webseite(n) vielleicht ausdrucken, um sie ad acta zu legen oder einfach nur, um besser Korrektur lesen zu können? Die Suche nach Rechtschreibfehler gelingt meist auf ausgedruckten Versionen besser. Vor dem Ausdrucken können Sie sich das Dokument in der Seitenansicht ansehen und Eigenschaften der Druckseiten festlegen.

Seitenansicht

Während der Arbeit am Bildschirm sehen Sie immer nur einen Ausschnitt Ihrer Webseite. In der Seitenansicht können Sie sich hingegen die ganze Seite auf einmal ansehen. Mit Hilfe dieser Ansicht können Sie die Aufteilung Ihrer Seite überprüfen.

☑ Klicken Sie auf die Schaltfläche SEITENANSICHT, oder geben Sie den Befehl DATEI ♦ SEITENANSICHT.

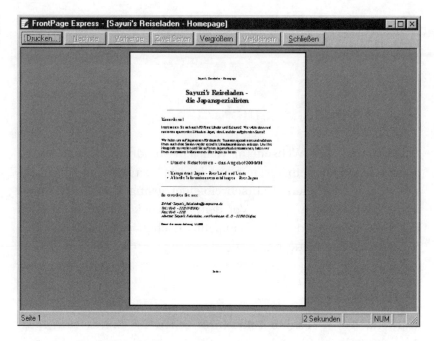

Bild 4.17:
Die Webseite als Ganzes sehen

Nun haben Sie die Möglichkeit, die Seite zu vergrößern. Bewegen Sie den Cursor auf die Seite, verwandelt er sich in eine Lupe. Zum Vergrößern klicken Sie entweder auf die Seite oder auf die Schaltfläche VERGRÖßERN. Sie können die Seite maximal zweimal vergrößern. Danach wird die Lupe wieder zum normalen Mauszeiger und die Schaltfläche VERGRÖßERN deaktiviert.

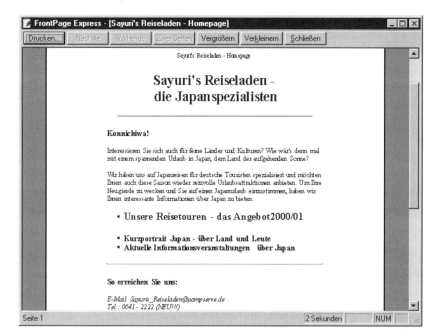

Bild 4.18:
Die Webseite in der Seitenansicht einmal vergrößert

☑ Klicken Sie nun auf die Schaltfläche VERKLEINERN. Umfasst Ihre Datei mehrere Seiten, dann können Sie sich auch zwei Seiten nebeneinander ansehen, um einen besseren Überblick zu erhalten. Klicken Sie dazu auf die Schaltfläche ZWEI SEITEN. Mit NÄCHSTE bzw. VORHERIGE oder den Tasten [Bild↑] bzw. [Bild↓] können Sie in Ihrem Dokument blättern. Verlassen Sie den Seitenansichtsmodus mit SCHLIEßEN.

Druckseite einrichten

Wählen Sie hierzu DATEI ♦ SEITE einrichten. Es erscheint das Dialogfeld DRUCKSEITE EINRICHTEN.

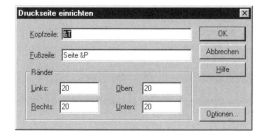

Bild 4.19:
Angabe von Titel und Seitenzahl sowie Seitenränder festlegen

Webseite drucken **65**

Hier können Sie entscheiden, ob Sie in der Kopfzeile die Angabe des Titels (&T) und in der Fußzeile die Angabe der Seitenzahl (Seite &P) ausgedruckt haben möchten. Wenn nicht, löschen Sie einfach diesen Eintrag. Sie können auch in die Felder einen Text eingeben, der dann auf der Kopf- oder Fußzeile ausgedruckt wird.

In der Gruppe RÄNDER legen Sie die Seitenränder fest. Sehen Sie in der Seitenansicht, dass sich Text ineinander verschiebt, dann geben Sie in diesem Dialogfeld für die Randbreite RECHTS und LINKS niedrigere Werte ein.

Die Schaltfläche OPTIONEN führt Sie zum Dialogfeld DRUCKER EINRICHTEN, in dem Sie den Drucker, die Papiergröße, den Schacht sowie das Papierformat festlegen. Vermutlich können Sie alle Einstellungen so belassen.

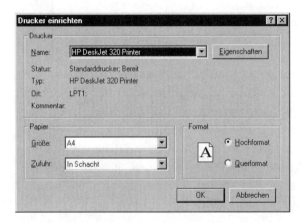

Bild 4.20: Den Drucker einrichten

Klicken Sie auf OK, landen Sie wieder im Dialogfeld DRUCKSEITE EINRICHTEN, das Sie mit OK schließen.

Die Webseite ausdrucken

Für den Ausdruck geben Sie die Tastenkombination [Strg]+[P] ein, klicken auf die Schaltfläche mit dem Drucker oder wählen DATEI ♦ DRUCKEN. Alle Druckbefehle führen zum Dialogfeld DRUCKEN.

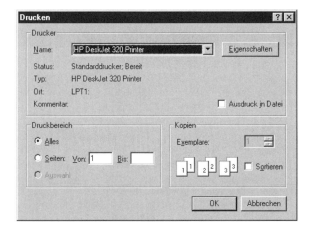

Bild 4.21:
Womit, wieviel, was und wie möchten Sie drucken?

Haben Sie mehrere Drucker angeschlossen und installiert, wählen Sie in der ersten Gruppe DRUCKER den DRUCKERTYP, mit dem Sie ausdrucken möchten. Wenn Sie beispielsweise von Ihrem mehrseitigen Dokument nur bestimmte Seiten ausdrucken möchten, geben Sie das in der Gruppe DRUCKBEREICH unter SEITEN VON BIS an. Die Gruppe KOPIEN ist nur interessant, wenn Sie dieselben Seiten mehrfach ausdrucken möchten.

Klicken Sie auf OK, um den Druckauftrag loszuschicken.

5 Der erste Blick auf HTML-Befehle

Nun besteht Ihre Homepage schon aus Überschriften, Text, einer Adresse und Strukturelementen wie Trennlinien und Leerzeilen – es wird Zeit, einmal einen Blick auf den HTML-Quelltext Ihres Dokuments zu werfen. Der Quelltext besteht aus Ihrem Text und allen HTML-Befehlen, die Sie gegeben haben – mehr oder weniger bewusst.

Zunächst aber ein kleiner Exkurs zu dem Wichtigsten über HTML, der Ihnen das Verständnis für die nächsten Abschnitte erleichtern soll.

5.1 Was Sie über HTML & Co. wissen sollten

Was heißt HTML? HTML steht für **H**yper**t**ext **M**arkup **L**anguage. Ach so! werden Sie sich jetzt denken. Übersetzt heißt das so viel wie Dokumentenbeschreibungssprache. Es ist quasi die Programmiersprache für Dokumente des World Wide Web. Ohne diese Sprache können Sie keine Webseite erstellen.

HTML hat die Aufgabe, die Struktur eines Dokuments mit all seinen Elementen wie Überschriften, Textformatierungen, Listen, Tabellen, Formularen, Bildern und natürlich seinen Verweisen etc. zu beschreiben. Um den Anfang und das Ende jedes einzelnen Elements zu beschreiben, verwendet HTML sogenannte Auszeichnungen (= markup). Davon aber mehr in Abschnitt 5.3.

HTML-Dokumente bestehen aus reinem ASCII-Text. Und das ist das Geniale. Denn so können sie von jedem ASCII-Editor gelesen werden. Das heißt im Klartext, dass diese Dokumente auf IBM-kompatiblen Rechnern, auf einem Apple Macintosh, auf Unix-

Rechnern sowie auf Sun-Workstations gelesen werden können, denn sie sind plattformunabhängig. HTML funktioniert weltweit!

Nun fragen Sie sich sicherlich, warum Sie sich mit dem schwer verdaulichen HTML auseinandersetzen müssen, wo doch *FrontPage Express* alles selbständig in HTML übersetzt, ohne dass Sie ihm dabei helfen müssen. Das stimmt schon. Aber wenn Sie einmal Erweiterungen von *FrontPage Express* für sich nutzbar machen wollen, geht das nur, wenn HTML in Grundzügen bekannt ist. Und ein bisschen HTML-Kenntnisse können nicht schaden. Sie brauchen die HTML-Befehle ja nicht auswendig zu lernen.

5.2 Einen Blick auf den Quelltext wagen

Sehen wir uns doch einmal an, wie *FrontPage Express* unser bisheriges Werk in seine Dokumentenbeschreibungssprache übersetzt hat. Selektieren Sie dazu im Menü zu ANSICHT die Option HTML. Es öffnet sich ein Fenster mit dem aktuellen HTML-Quelltext zu Ihrem Text. Das ist halb so wild, wie es auf den ersten Blick erscheinen mag. Wir werden die HTML-Befehle häppchenweise durchgehen.

Da es sich eingebürgert hat, in Büchern die HTML-Befehle und ihre Attribute in Großbuchstaben anzugeben, werde ich das auch in diesem Buch tun. Das macht die Sache übersichtlicher. Lassen Sie sich also nicht davon stören, dass Sie auf dem Bildschirm das Wort „html" klein geschrieben sehen. Der im Editor eingegebene Text, den Sie in der HTML-Ansicht in schwarzer Farbe sehen, wird im Folgenden immer kursiv dargestellt. Auch die Zeilenumbrüche und Einrückungen sind zum Teil nachträglich eingegeben worden, um die Sache übersichtlicher zu machen.

Bild 5.1:
HTML-Quelltext zum
Dokument Homepage

5.3 Die HTML-Tags

Neben dem normalen, vom Autor eingegebenen Text, der in dem HTML-Fenster in schwarzer Schrift dargestellt ist, enthält das Dokument noch HTML-Befehle. Es sind englische Begriffe, ich werde sie aber alle übersetzen. Diese Steuerelemente haben die Aufgabe, Textelemente zu markieren und werden daher auch als Tags bezeichnet.

Das eingedeutschte Wort „Tag" (ausgesprochen „täg") kommt aus dem englischen und bedeutet Marke. Alle Tags sind in spitzen Klammern eingeschlossen (<...>). Die Webbrowser interpretieren die Tags nicht als Text, sondern als Formatierungsbefehl und erzeugen so eine Abbildung der Dokumentenstruktur, die dann so aussieht, wie sich das der Autor der Webseite vorgestellt hat (jedenfalls meistens).

5.3.1 Die Container-Tags

Am häufigsten werden die sogenannten Container-Tags verwendet. Diese Tag-Paare bestehen aus einem Start- und einem Ende-Tag und schließen ein oder mehrere Textelemente ein. Im Gegensatz zum Start-Tag beinhaltet der Ende-Tag zusätzlich einen slash „/" (das spricht man „släsch" aus). Zum Beispiel:

<HTML> ... </HTML>

Diese Tags finden wir immer ganz am Anfang und am Ende eines HTML-Dokuments. Sie schließen das gesamte Dokument ein. Container-Tags können wiederum andere Tags enthalten.

5.3.2 Die leeren Tags

Wie der Name bereits vermuten lässt, schließen diese HTML-Befehle keine Textelemente ein. Diese Tags treten nicht paarweise auf, sondern stehen einzeln. Darum werden sie auch manchmal Standalone-Tags genannt. Sie werden vom Browser sofort ausgeführt, beispielsweise

<HR> ,

der Tag für eine Trennlinie (HR = **h**orizontal **r**ule = horizontale Linie) bzw. einen weichen Zeilenumbruch (BR = **br**eak = Umbruch).

5.4 Die Befehle im Dokument

Wie bereits erwähnt, beginnt das HTML-Dokument mit dem HTML-Start-Tag. Danach folgt der Kopfteil (head) mit dem Titel sowie der Hauptteil des Dokuments (body) und wird mit dem

HTML-Ende-Tag abgeschlossen. Diese drei Container-Tags stellen die höchste Strukturierungsstufe in einem HTML-Dokument dar.

```
<HTML>
   <HEAD>
      Titel und andere Elemente des Kopfteils
   </HEAD>
   <BODY>
      Text, Bild und andere Elemente des Hauptteils
   </BODY>
</HTML>
```

5.4.1 Der Kopfteil <HEAD> ... </HEAD>

Der Kopfteil hat die wichtige Aufgabe, das Dokument zu identifizieren.

Der Titel

`<TITLE>Sayuri's Reiseladen - Homepage</TITLE>`

Der optisch wichtigste Part der Head-Umgebung ist das Tag-Paar TITLE. In einem Dokument darf nur ein Titel vorkommen. Er kann gleichzeitig der Name der Datei sein.

META-Informationen

Im Gegensatz zum Titel wird der Inhalt der anderen Elemente im Kopfteil vom Browser nicht angezeigt. Im Quelltext stehen in der Head-Umgebung vor dem Titel sogenannte META-Informationen. Auch sie tragen zur Identifikation und Klassifizierung des Dokuments bei. META-Befehle versorgen den Browser, den World Wide Web Server oder den Betrachter des HTML-Quelltextes mit Informationen. Zum Beispiel, auf welche Weise ein Dokument angezeigt werden soll, wie aktuell das Dokument ist, oder mit welchem Editor es erstellt wurde.

Erstellen Sie mit *FrontPage Express* eine Webseite, dann erzeugt dieses Programm einige META-Informationen eigenständig, Sie müssen sich also nicht darum kümmern.

Drei META-Attribute gibt es:

```
<META HTTP-EQUIV=" ... " CONTENT=" ... ">
<META NAME=" ... " CONTENT=" ... ">
```

Das Attribut `HTTP-EQUIV` weist dem Informationsinhalt einen Namen zu, der in der Kopfzeile des HTTP-Protokolls steht. (HTTP steht für **H**yper **T**ext **T**ransfer **P**rotocol. Dieses Übertragungsprotokoll wird benutzt, um zwischen dem World Wide Web Daten und Dokumente auszutauschen.)

`NAME` ist ein ähnlicher META-Befehl. Er gibt der Information einen Namen. Wird dieses Attribut nicht aufgeführt, dann ist der `HTTP-EQUIV` gleichzeitig Name der Kopfzeile und Name der Information.

Das Attribut `CONTENT` enthält die eigentliche Information und wird den beiden anderen META-Attributen nachgestellt.

Bei allen mit *FrontPage Express* erzeugten Dokumenten steht im Quelltext:

```
<META HTTP-EQUIV="Content-Type"
   CONTENT="text/html; charset=iso-8859-1">
```

Mit diesem Befehl wird der Webbrowser gezwungen, Ihre Datei korrekt zu interpretieren. Genauer gesagt wird hier zum einen das Datenformat vorgeschrieben, das mit E-Mail verschickt werden soll (`text/html`), und zum anderen wird der Zeichensatz vorgegeben (`charset=iso-8859-1`), den der Browser anwenden muss. Der vom Betrachter eventuell eingestellte Zeichensatz wird dann ignoriert. So wird gewährleistet, dass Ihr Dokument mit dem angegebenen Zeichensatz dargestellt wird. Das ist vor allem auch für eventuell verwendete Sonderzeichen interessant.

Außerdem gibt *FrontPage Express* automatisch immer an, mit welchem Programm die Webseite erzeugt wurde:

```
<META NAME="Generator"
   CONTENT="Microsoft FrontPage Express 2.0">
```

5.4.2 Der Hauptteil <BODY> ... </BODY>

Der Hauptteil Ihrer Webseite, auch Rumpf genannt, besteht aus dem ganzen Rest und wird mit dem Container-Tag `<BODY>...</BODY>` eingeschlossen. Er enthält also die Überschriften, Texte, Bilder, Verweise, Ihre Adresse, Strukturelemente etc., gewöhnlich also das, was Ihre Besucher später mit Ihrem Webbrowser sehen.

In unserem Beispiel besteht der Hauptteil zur Zeit aus Überschriften, horizontalen Trennlinien, dem Text und der Adresse.

Die Hintergrundfarbe

`<BODY BGCOLOR="#FFFFFF">`

Die Farben für Schrift, graphische Elemente oder den Hintergrund werden durch eine sechsstellige Zeichenkombination ausgedrückt. Die Nummer `#FFFFFF` steht für weiß, `BGCOLOR` ist die Abkürzung für background color, die Hintergrundfarbe. Diese Zeile informiert also den Webbrowser, dass die Hintergrundfarbe des Hauptteils weiß sein soll. (Näheres über Farben erfahren Sie in Kapitel 6.)

Die Überschrift

```
<H1 ALIGN="center">Sayuri's Reiseladen - die Japanspezia-
listen</H1>
<H3>Konnichiwa!</H3>
<H3>So erreichen Sie uns:</H3>
```

Die Überschriften werden im HTML-Code mit `H` bezeichnet, wobei `H1` die Überschrift erster Ordnung, und `H6` die kleinste Überschriftenebene darstellt. Zudem ist in der ersten Zeile die horizontale Ausrichtung (`ALIGN`) angegeben (align = Ausrichtung; center = zentriert).

Konkret kann man beispielsweise die erste Befehlszeile so interpretieren: Schreibe den Text „Sayuri's Reiseladen – die Japanspezialisten" als Überschrift der ersten Ebene und richte sie zentriert aus.

Bei den beiden anderen Überschriften wurde keine Ausrichtung angegeben, da sie der linksbündigen Standardausrichtung entsprechen.

Die horizontale Linie

```
<HR SIZE="3" WIDTH="90%">
<HR NOSHADE COLOR="#808080">
```

Eine zur Auflockerung eingefügte horizontale Standardlinie wird in der HTML-Ansicht mit `<HR>` (Horizontal Rule = horizontale Linie) angegeben. Werden die Eigenschaften der Linien verändert, wie in obigen Beispielen, werden die Optionen in den Tag mit eingeklammert.

Bei der ersten Linie beträgt die Höhe der Linie 3 Pixel (`SIZE="3"`), die Breite 90% (`WIDTH="90%"`). Bei der zweiten wurde die Einstellung Durchgezogen (keine Schattierung) (`NOSHADE COLOR`) sowie die Farbe Dunkelgrau (`#808080`) gewählt. Wäre die Linie links- oder rechtsbündig formatiert, würde zusätzlich die Ausrichtung angegeben werden (`ALIGN="left"` bzw. `ALIGN="right"`).

Zeilenumbruch und Leerzeile

```
<BR>
<P>
<P> </P>
```

Zeilenumbruch und Leerzeile sind auch Strukturelemente, die sinnvoll zur Textgestaltung eingesetzt werden können. Möchten Sie nach einer Zeile einen Umbruch erzwingen, tippen Sie einmal auf die ⏎-Taste (neuer Absatz), oder setzen Sie ein weiches Return, indem Sie die Tastenkombination ⇧+⏎ drücken. In der HTML-Ansicht steht dann ein `<P>` bzw. ein `<BR>` (p = paragraph = Absatz; br = break = Umbruch).

Möchten Sie eine Leerzeile erzeugen, betätigen Sie zweimal die ⏎-Taste. *FrontPage Express* übersetzt das dann in `<P> </P>`. Der Buchstabencode „ " steht für eine Leerzeile. Haben Sie die Ausrichtung der vorangegangenen Zeile formatiert, dann weist auch das Absatzzeichen ein Ausrichtungshinweis auf.

Der Text und Zeichenformatierungen

`<P>`*Interessieren Sie sich auch für ferne Länder und Kulturen? Wie wär's denn mal mit einem spannenden Urlaub in Japan, dem Land der aufgehenden Sonne?*`</P>`

Die Textpassage wird von den Absatzzeichen `<P>...</P>` eingerahmt. Bei dem oben aufgeführten Text wurden keine Zeichenformatierungen durchgeführt. Wird jedoch die Standardschrift umformatiert, so schließen die Container-Tags der Zeichenformatierungen ebenfalls den Text ein. Beispielsweise so:

`<P><FONT SIZE="5" FACE="Arial">`*Dieser Text ist mit Schriftgrad 5 und der Schriftart Arial formatiert.*`</FONT></P>`

In folgenden Tabellen finden Sie die HTML-Befehle für die Texthervorhebungen, getrennt nach den physischen (harten) und logischen (weichen) Textauszeichnungen. (Siehe dazu 4.1.2.)

Tabelle 5.1:
Physische Textattribute

HTML-Tags	Textformatierung
`<B>...</B>`	Fett
`<BLINK>...</BLINK>`	Blinkend
`<I>...</I>`	Kursiv
`<STRIKE>...</STRIKE>`	Durchgestrichen
`<SUB>...</SUB>`	Tiefgestellt
`<SUP>...</SUP>`	Hochgestellt
`<TT>...</TT>`	Schreibmaschinentext
`<U>...</U>`	Unterstrichen

HTML-Tags	Textformatierung
`<CITE>...</CITE>`	Zitat
`<CODE>...</CODE>`	Quelltext
`<DFN>...</DFN>`	Definition
`<EM>...</EM>`	Hervorgehoben
`<EM><STRONG>...</STRONG></EM>`	Hervorgehoben und stark betont
`<KBD>...</KBD>`	Tastatureingabe
`<SAMP>...</SAMP>`	Muster (Beispiel)
`<STRONG>...</STRONG>`	Stark betont
`<VAR>...</VAR>`	Variable

Tabelle 5.2: Logische Textattribute

Die Adresse

```
<ADDRESS>
   E-Mail:
   <A HREF="mailto:Sayuris_Reiseladen@campserve.de">
   Sayuris_Reiseladen@campserve.de</A>   <BR>
   Tel.: 0641 - 2222 (NEU!!!) <BR>
   Fax: 0641 - 2223 <BR>
   Adresse: Sayuri's Reiseladen, Am Niembaum 45, D-35390
   Gießen
</ADDRESS>
```

Auch die Adresse gehört noch zum Hauptteil. Haben Sie normale Zeilenumbrüche erzwungen, beginnt und endet jede einzelne Zeile mit dem Tag-Paar `<ADDRESS>...</ADDRESS>`.

Das `<A HREF="mailto:...">Text</A>` verweist auf die E-Mail-Adresse, die auf der Webseite farblich vorgehoben ist. Sie wird durch einen Doppelklick aktiviert. Verweise oder Hyperlinks, wie sie auch genannt werden, dieser Art werden in Kapitel 7 eingehend besprochen.

Die Befehle im Dokument **77**

6 Ein paar Feinheiten

Kommen wir nun zu einigen Formatierungshilfen, die uns das Leben leichter und bunter machen. In diesem Kapitel geht es um das Einfügen von Hintergrund- und Textfarben sowie der einfachen Handhabung von Einzügen, Listen und Tabellen. Auch zur Erstellung von Lauftexten gibt *FrontPage Express* Hilfestellungen. Zudem erfahren Sie, wie Sie Sonderzeichen und Kommentare einfügen können.

6.1 Mit Farben aufpeppen

In alle Dokumente können farbig hervorgehobene Textelemente, Icons (kleine Symbole) oder eine schön gewählte Hintergrundfarbe Pep bringen. Mit Farben bekommt der Designer eines Webdokuments die Möglichkeit, eine Seite künstlerisch wertvoll und anziehend zu gestalten, sie kann als Strukturelement eingesetzt werden, um Überschriften oder Textpassagen hervorzuheben. Farben können so dem Leser eine Hilfestellung geben.

Wird dieses Gestaltungselement allerdings in zu hoher Dosis oder mit zu großer Geschmacklosigkeit eingesetzt, kann es seine Wirkung verfehlen. Es ist also – wie so häufig – das rechte Mittelmaß und gesunder Menschenverstand gefragt.

Neben der Hintergrundfarbe können Sie die Farbe der Verweise (Hyperlinks) sowie der anderen Textelementen aus einer Farbpalette wählen. Haben Sie Spaß am Mischen von Farben, können Sie sich eine Farbpalette selbst zusammenstellen.

6.1.1 Eine Hintergrundfarbe wählen

Ich fange in der Regel mit der Wahl der Hintergrundfarbe an und stimme anschließend die Textfarben darauf ab.

Auf Kontrast achten

Bedenken Sie bei der Farbwahl, dass der Text gut lesbar bleiben muss. Das erreichen Sie durch die Wahl von sehr hellen bzw. sehr dunklen Farbtönen. Übrigens: Für den späteren Ausdruck spielt die Hintergrundfarbe keine Rolle, da Hintergründe normalerweise nicht mit ausgedruckt werden.

Pro Datei kann nur eine Hintergrundfarbe gewählt werden. Sie können also beispielsweise für Kopf- und Fußteil keine unterschiedlichen Farben wählen (wie das doch geht, erfahren Sie später im Abschnitt über das Arbeiten mit sogenannten Frames). Daher müssen Sie auch Ihr Dokument nicht markieren, bevor Sie die Farbe verändern, es ist ganz egal, wo die Eingabemarke steht oder was Sie zur Zeit markiert haben.

Ist Ihnen also das eingestellte Weiß als Hintergrund zu langweilig oder nicht individuell genug, dann führen Sie folgende Schritte aus:

- ☑ Geben Sie den Befehl DATEI • SEITENEIGENSCHAFTEN oder FORMAT • HINTERGRUND. Das Dialogfeld SEITENEIGENSCHAFTEN mit dem gewählten Registerblatt HINTERGRUND öffnet sich.

- ☑ Im Feld HINTERGRUND können Sie im Dropdown-Menü eine der 17 verschiedenen Farben oder eine benutzerdefinierte Farbe (siehe Abschnitt 5.1.3) auswählen.

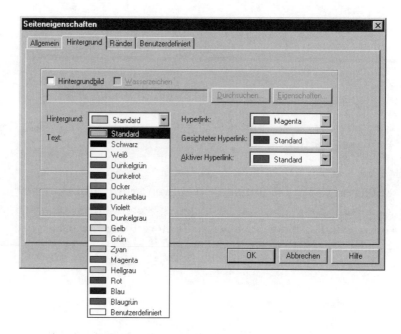

Bild 6.1:
Farbe bekennen

☑ Bestätigen Sie die Farbwahl mit OK.

6.1.2 Farben für andere Elemente wählen

Das farbige Hervorheben von Querverweisen und anderen Textelementen sowie der horizontalen Linie haben Sie in der Hand.

Textelemente

Möchten Sie die Farbe aller Textelemente auf einmal verändern, tun Sie das am schnellsten auch in dem Dialogfeld, in dem Sie die Hintergrundfarbe gewählt haben. Selektieren Sie im Dropdown-Menü der Gruppe TEXT die gewünschte Farbe.

Um die Farben für einzelne Buchstaben, Wörter oder Textpassagen zu ändern, machen Sie folgendes:

☑ Markieren Sie mit der Maus das Textelement, dessen Farbe Sie ändern möchten. Nun haben Sie drei Möglichkeiten:

- Klicken Sie auf der Symbolleiste auf die Schaltfläche TEXTFARBE, wählen Sie im Kontextmenü die Eintragung ZEICHENEIGENSCHAFTEN, oder geben Sie den Befehl FORMAT ◆ ZEICHEN.

Textfarbe

- Selektieren Sie die gewünschte Farbe unter den Vorgaben im Dropdown-Menü bzw. in der Gruppe GRUNDFARBEN, oder wählen Sie eine benutzerdefinierte.

- Bestätigen Sie Ihre Wahl mit OK.

Querverweise

Wenn Sie die Farben für Hintergrund, Text und Querverweise auf einmal einstellen möchten, wählen Sie am besten das Registerblatt HINTERGRUND im Dialogfeld SEITENEIGENSCHAFTEN. Denn dort haben Sie alles zusammen und auf einmal im Blick.

Wie Sie sehen, werden drei verschiedene Hyperlinks unterschieden. Hat man einen Querverweis bereits gesichtet, dann hat er eine andere Farbe als ein aktiver oder einer, den Sie noch nicht angeklickt hatten. Das ist für den Leser sehr hilfreich (vor allem, wenn er müde ist und überhaupt keinen Überblick mehr hat, wo er nun schon überall draufgeklickt hat, und wo nicht).

Horizontale Linie

Auch einer horizontalen Linie kann man durch die entsprechende Farbwahl eine auffälligere bzw. dezentere Erscheinung zukommen lassen.

- Markieren Sie dazu die Linie, und

- tippen Sie die Tastenkombination [alt]+[↵], oder wählen Sie im Menü zu BEARBEITEN oder im Kontextmenü die Option EIGENSCHAFTEN: HORIZONTALE LINIE.

- Wählen Sie im Dropdown-Menü der Gruppe FARBE die entsprechende aus, und

- bestätigen Sie mit OK.

6.1.3 Die Farbpalette ergänzen

Ist die Farbe Ihrer Träume bei den vorgegebenen Farben nicht dabei, haben Sie auch die Option, sich eine Farbe selbst zu definieren und damit die Farbpalette zu erweitern.

- ☑ Klicken Sie im Dropdown-Menü der Farbauswahl auf die letzte Eintragung BENUTZERDEFINIERT. Es erscheint das Dialogfeld FARBE. (Wenn Sie über die Schaltfläche TEXTFARBE auf der Symbolleiste das Dialogfeld FARBE geöffnet haben, dann klicken Sie dort auf die Schaltfläche FARBEN DEFINIEREN.)

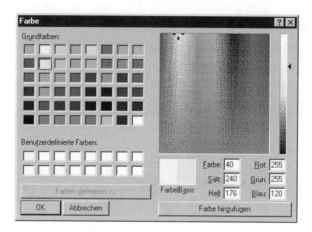

Bild 6.2:
Für Farbenfreaks: Die Farbpalette erweitern

- ☑ Am besten, Sie selektieren erst in der Gruppe GRUNDFARBEN links oben eine Farbe, die Ihrer gewünschten ähnlich ist und stellen dann im Balken ganz rechts im Dialogfeld die gewünschte Helligkeit ein, indem Sie mit gehaltener Maustaste die Pfeilspitze nach oben oder unten bewegen. Das Vorschaufenster FARBE/BASIS zeigt Ihnen einen größeren Farbausschnitt. Um eine benutzerdefinierte Farbe auszuwählen, können Sie auch auf eine beliebige Stelle der Farbmatrix klicken oder im unteren Teil des Dialogfeldes ZAHLEN in die Felder der Grundfarben ROT, GRÜN und BLAU zwischen 0 und 255 eingeben.

- ☑ Gefällt Ihnen die Farbe in der Vorschau, dann klicken Sie auf die Schaltfläche FARBE HINZUFÜGEN, um sie für dieses Dokument zu speichern. Sie wird dann in der Gruppe BENUTZERDEFINIERTE

FARBEN aufgenommen. 16 verschiedene Farben können Sie definieren.

☑ Schließen Sie das Dialogfeld mit OK.

Möchten Sie eine bereits definierte Farbe mit einer anderen überschreiben, so klicken Sie das zu überschreibende Kästchen in der Gruppe BENUTZERDEFINIERTE FARBEN an. Klicken Sie dann auf die Schaltfläche FARBE HINZUFÜGEN, wird die alte mit der neu gemischten Farbe überschrieben.

Öffnen Sie ein weiteres Mal das Dialogfeld FARBE, um eine neue Farbe zu mischen, dann klicken Sie immer erst auf ein freies Kästchen in der Gruppe BENUTZERDEFINIERTE FARBEN. Haben Sie das vergessen, wird automatisch die Farbe des ersten Kästchens oben links überschrieben.

Nix WYSIWYG

Es gibt keine Garantie dafür, dass sich der Betrachter des gleichen Augenschmauses erfreuen kann wie Sie. Wie die Farben letztendlich beim Leser ankommen, liegt an seinem Webbrowser und der Farbdarstellung seiner Grafikkarte. Ihre vermeintlich geniale Farbkomposition kann bei schlechter Farbauflösung einem anderen eher als Zumutung erscheinen. Aber in der Regel kommen die 16 vorgegebenen Farben beim Browser gut an.

6.1.4 Farben und HTML

Ein bisschen Hintergrundwissen gefällig? Wie wird der farbige Hintergrund und die anderen farbig dargestellten Elemente in HTML beschrieben? Sehen wir es uns an einem simplen Beispiel an. Auf einer Webseite wurden Text, Trennlinie, Querverweis und Hintergrund mit unterschiedlichen Farben formatiert.

```
<BODY BGCOLOR="#FFFF00" TEXT="#0000FF" LINK="#FF0000">
...
    <HR COLOR="#00FF00">
...
</BODY>
```

Gleich nach <BODY wird in der ersten Zeile die Farbe des Hintergrunds (bgcolor = back ground color), des Textes und des Verweises angegeben.

Die Definition der gewählten Farben beginnt immer mit einem Gatter #. Danach folgt eine sechsstellige Hexadezimalzahl. Die Zahlen legen den Anteil der drei Grundfarben Rot, Grün und Blau fest: die ersten beiden Ziffern den Rot-, die beiden mittleren den Grün- und die letzten beiden den Blauanteil der gewählten Farbe.

So hat die Farbe Rot den Code #FF0000, Grün #00FF00, Blau #0000FF. Schwarz hat den Wert #000000, Weiß #FFFFFF und die Hintergrundfarbe Gelb in unserem Beispiel #FFFF00.

In der ersten Zeile steht also, dass für die Hintergrundfarbe Gelb, die Textfarbe Blau und für die Farbe des Verweises Rot gewählt wurde. Die horizontale Linie wurde mit #00FF00 formatiert, also Grün.

6.2 Einzüge einfügen

Mit Einzügen können Sie einen Satz oder eine Textpassage nach links oder rechts rücken, um den Text hervorzuheben.

6.2.1 Einzug vergrößern oder verkleinern

Um Einzüge einzufügen, müssen Sie die Format-Symbolleiste aktiviert haben (das machen Sie im Menü zu Ansicht).

- Klicken Sie auf eine beliebige Stelle eines Absatzes, der eingerückt werden soll, und

- dann auf die Schaltfläche EINZUG VERGRÖSSERN in der Format-Symbolleiste. Der gesamte Absatz rückt um eine Einheit nach rechts.

- Klicken Sie erneut auf die Schaltfläche, wird der Text um weitere Einheiten nach rechts gerückt. Möchten Sie den eingezogenen Text wieder nach links verschieben, betätigen Sie entsprechend die Schaltfläche EINZUG VERKLEINERN.

6.2.2 Einzüge und HTML

Eigentlich gibt es gar keinen spezifischen HTML-Befehl für Einzüge. Da aber bei einer Formatierung eines Zitats der Absatz eingerückt wird, bedient man sich dieses Tricks. Ein Absatz, der eingerückt werden soll, wird einfach als Zitat (blockquote) formatiert.

```
<BLOCKQUOTE>
    <P>Einzug vergrößern</P>
</BLOCKQUOTE>

<BLOCKQUOTE>
    <BLOCKQUOTE>
        <P>Einzug 2x vergrößern</P>
    </BLOCKQUOTE>
</BLOCKQUOTE>
```

Werden im HTML-Text zwei <BLOCKQUOTE> angegeben, so wurde der Text zweifach eingerückt. Dies ist im unteren Beispiel der Fall.

6.3 Listen erstellen

Ein wertvolles Gestaltungselement sind Aufzählungen und Nummerierungen. Sie bringen Struktur in einen Fließtext und ermöglichen dem Leser eine schnelle Aufnahme des Inhalts. Sie können beispielsweise gleich auf Ihrer Homepage eine Liste mit Ihren Lieblingsverweisen oder Ihrem Inhaltsverzeichnis einfügen.

FrontPage Express unterscheidet zwischen Nummerierungen und Aufzählungen. Letztere sind mit kleinen Aufzählungszeichen statt mit Ziffern oder Buchstaben gekennzeichnet. Die Listentypen können Sie auch kombinieren und verschachteln.

6.3.1 Listentyp: Aufzählung

Sollen beispielsweise Punkte ohne Rangfolge aufgezählt werden, dann zieht man eine Aufzählungsliste einer durchnummerierten Liste vor.

☑ Geben Sie den Befehl FORMAT ♦ NUMERIERUNGEN UND AUFZÄHLUNGEN. Das Dialogfeld LISTENEIGENSCHAFTEN öffnet sich, das Registerblatt AUFZÄHLUNGEN ist gewählt.

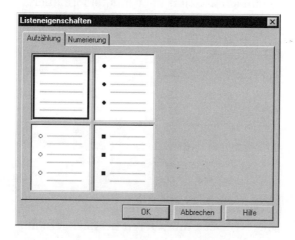

Bild 6.3:
Unter drei
Aufzählungstypen
wählen

☑ Selektieren Sie den Typ mit den gewünschten Aufzählungszeichen (das Muster oben links steht für normalen Fließtext).

☑ Klicken Sie auf OK, und

☑ geben Sie dann Ihren Text ein. Nach jedem erzwungenen Zeilenumbruch (also immer dann, wenn Sie die ⏎-Taste betätigen) beginnt mit einem Aufzählungszeichen ein neuer Listeneintrag.

☑ Möchten Sie die Aufzählung beenden, wählen Sie im selben Dialogfeld das Muster für den Standardtext oder im Dropdown-Menü der FORMATVORLAGE die Eintragung STANDARD. Am schnellsten geht es aber, wenn Sie zweimal die -Taste oder einmal die -Taste drücken.

☑ Ohne den Umweg über das Dialogfeld LISTENEIGENSCHAFTEN zu gehen, können Sie auch auf der Formatleiste auf die Schaltfläche AUFZÄHLUNG klicken. Ein schneller Weg, wenn Sie mit dem schwarzen Kreis als Aufzählungszeichen zufrieden sind.

Mit der entsprechenden Zeichenformatierung lenken Sie den Blick des Lesers auf das Wesentliche: Ihre Verweise.

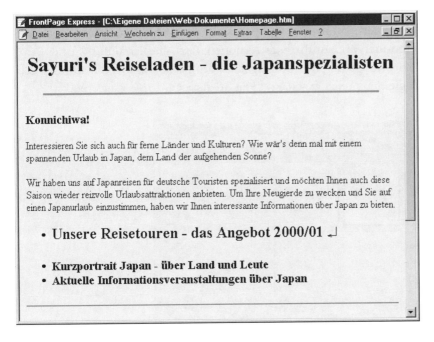

Bild 6.4:
Die Verweise mit Aufzählungszeichen versehen

Den Zeilenabstand vergrößern

Um die Zeilenabstände zwischen den Listeneintragungen größer zu formatieren als standardmäßig vorgegeben, setzen Sie einfach am Zeilenende ein weiches Return (⇧+↵). So wird eine Leerzeile ohne Nummerierung oder Aufzählungszeichen eingefügt.

6.3.2 Listentyp: Nummerierung

Mit einer nummerierten Liste stellt man eine Rangfolge oder nacheinander auszuführende Aktionen dar. Die Erstellung und Bearbeitung ist der Aufzählungsliste ähnlich. Wählen Sie nur im Dialogfeld LISTENEIGENSCHAFTEN das Registerblatt NUMERIERUNG.

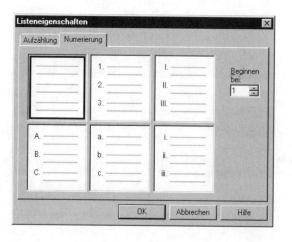

Bild 6.5:
Ziffern oder Buchstaben
– was passt am
besten?

Neben der Wahl des Nummerierungstyps können Sie auch festlegen, bei welcher Nummerierung begonnen werden soll. Das ist wichtig, wenn Text die durchnummerierte Liste unterbricht. Dann können Sie danach mit der weiterführenden Nummerierung fortfahren lassen.

☑ Durch direktes Anklicken der Schaltfläche NUMERIERUNG auf der Formatleiste wählen Sie die Standardnummerierung 1., 2., 3. etc.

Für die Liste der Reisetouren habe ich mich für eine durchnummerierte Liste entschieden. Die römischen Ziffern gefallen mir am besten.

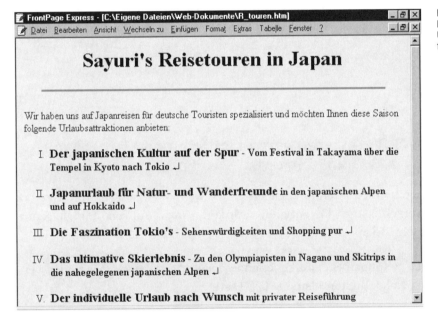

Bild 6.6:
Beispiel Nummerierung:
Unser Tourenangebot
für Japanreisende

Listen erstellen **89**

> **Text nachträglich in Liste verwandeln**
>
> Natürlich können Sie auch nachträglich aus einem Text eine Liste mit Aufzählungszeichen oder Nummerierung machen. Markieren Sie den entsprechenden Text, und wählen Sie den gewünschten Listentyp. Entsprechend können Sie auch umgekehrt eine Liste in einen Text umwandeln, indem Sie auf die Schaltfläche EINZUG VERKLEINERN klicken.

6.3.3 Listen verschachteln und Listentypen kombinieren

Sie können auch in einer Liste eine weitere einschließen und dabei verschiedene Listentypen wählen. Dazu führen Sie folgende Schritte aus:

- ☑ Betätigen Sie am Zeilenende der Primärliste vor der neuen verschachtelten Liste die 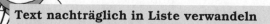-Taste.

- ☑ Klicken Sie jetzt zweimal auf die Schaltfläche EINZUG VERGRÖßERN. Es wird eine Zeile mit einem Aufzählungszeichen bzw. einer Nummerierung eingefügt.

- ☑ Geben Sie den Befehl FORMAT ♦ NUMERIERUNGEN UND AUFZÄHLUNG. Ein neues Registerblatt, SONSTIGE, ist geöffnet. Selektieren Sie dort den gewünschten Listentyp, und verlassen Sie das Dialogfeld mit OK. Die Option DEFINITIONSLISTE hat keine Aufzählungselemente. (Wie der Name vermuten lässt, ist sie eigentlich für Definitionen gedacht.)

- ☑ Tippen Sie nun Ihre Liste ein.

☑ Um zurück zur Primärliste zu gelangen, betätigen Sie einmal die ⌫-Taste und klicken dann zweimal auf die Schaltfläche EINZUG VERKLEINERN.

Einzug verkleinern

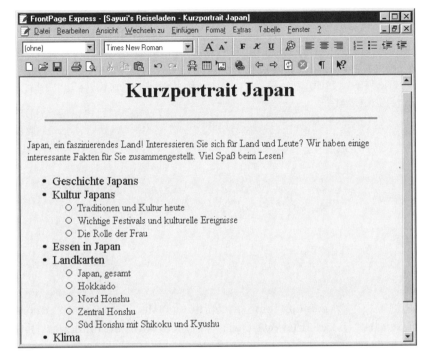

Bild 6.7:
Beispiel verschachtelte Liste mit verschiedenen Listentypen:
Informationsangebot Kurzportrait Japan

Den Listentyp ändern

Gefällt Ihnen der zuvor gewählte Listentyp nicht, klicken Sie an eine beliebige Stelle der Liste, und selektieren Sie im Dialogfeld LISTENEIGENSCHAFTEN einen anderen Listentyp. Das gilt auch für verschachtelte Listen. Das Dialogfeld können Sie übrigens auch über das Kontextmenü öffnen.

6.3.4 Listen und HTML

```
<OL>
  <LI>Listentyp Numerierung</LI>
  <LI>Listentyp Numerierung</LI>
</OL>
```

`<OL>` leitet die nummerierte Liste ein. Die Abkürzung `OL` steht für „ordered list", was nummerierte Liste bedeutet. Jeder neue Punkt in einer Liste ist mit `<LI>...</LI>` eingeschlossen (`LI` = list item = Listeneintrag).

```
<UL>
  <LI>Listentyp Aufzählung
      <UL>
            <LI>verschachtelte Aufzählungsliste</LI>
            <LI>verschachtelte Aufzählungsliste</LI>
      </UL>
  </LI>
  <LI>Listentyp Aufzählung</LI>
</UL>
```

`<UL>...</UL>` schließt eine Aufzählungsliste ein, die als „unordered list" bezeichnet wird, da sie nicht durchnummeriert ist. Auch bei diesem Listentyp wird jeder Listeneintrag mit einem `LI`-Container-Tag eingeschlossen. Die verschachtelte Liste sowie beide Teile der Primärliste weisen jeweils ein `UL`-Start- und End-Tag auf.

Wählen Sie nicht die Standardnummerierung (1., 2., 3., etc.) oder den Standardaufzählungstyp (ausgefüllter Kreis), dann folgt hinter dem `OL` bzw. `UL` eine Bezeichnung des Typs. Zum Beispiel `<OL TYPE="I">`, wenn Sie eine Liste römisch nummerieren oder `<UL TYPE="square">`, wenn Sie als Aufzählungszeichen gefüllte Quadrate (= square) selektieren.

Bei der nummerierten Liste ist zusätzlich angegeben, bei welcher Startnummer sie beginnen soll: `start="1"`.

```
<OL TYPE="I" start="1">
  <LI>Numerierte Liste I II III</LI>   </OL>
<OL TYPE="A" start="1">
  <LI>Numerierte Liste A B C</LI>   </OL>
```

```
<OL TYPE="a" start="1">
   <LI>Numerierte Liste a b c</LI>   </OL>
<OL TYPE="i" start="1">
   <LI>Numerierte Liste i ii iii</LI>   </OL>

<UL type="square">
   <LI>Aufzählung gefülltes Quadrat</LI>   </UL>
<UL type="circle">
   <LI>Aufzählung leerer Kreis</LI>   </UL>
```

6.4 Tabellen kreieren

Tabellen sind enorm wichtig und als Strukturelement in einer Präsentation kaum wegzudenken. Sie ermöglichen es, viel Information auf kompakte und übersichtliche Art darzustellen.

Sie können beispielsweise Tabellen ohne Rahmen einsetzen, um eine mehrspaltige Aufzählung zu erstellen. Sie können mit Hilfe einer Tabelle auch eine Grafik in ein Feld einladen und den erklärenden Text daneben platzieren. Auch das Verschachteln von Tabellen ist möglich. Selbstverständlich können Tabellen auch Querverweise enthalten.

FrontPage Express bietet auch eine passable Formatierungshilfe für das Erstellen von Tabellen, wie man es von Programmen unter *Windows* gewohnt ist.

6.4.1 Eine Tabelle einfügen

Positionieren Sie den Mauszeiger an die Stelle, wo die Tabelle in Ihr Dokument eingefügt werden soll. Um eine Tabelle zu erstellen, können Sie entweder

- ☑ auf der Standard-Symbolleiste die Schaltfläche TABELLE EINFÜGEN anklicken und mit gehaltener Maustaste über die gewünschte Anzahl Zeilen und Spalten ziehen, oder

- ☑ den Befehl TABELLE ♦ TABELLE EINFÜGEN geben. Es erscheint das gleichnamige Dialogfeld. Hier können Sie in Ruhe neben des Zeilen- und Spaltenumfangs auch verschiedene andere Optionen wählen.

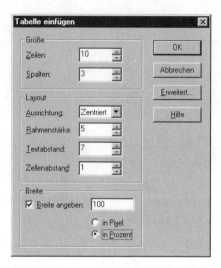

Bild 6.8:
Wie soll Ihre
Tabelle aussehen?

Alles, was Sie in diesem Dialogfeld angeben, können Sie später auch noch ändern. Sie brauchen also mit nicht zu großer Vorsicht ans Werk gehen. Dennoch ist es ratsam, sich erst einmal mit Papier und Bleistift bewaffnet Gedanken zu machen, was alles in der Tabelle stehen soll, und wie sie aussehen soll – es sei denn, Sie wollen zunächst einmal nur ein wenig herumprobieren.

- ☑ Tragen Sie im Dialogfeld TABELLE EINFÜGEN in der Gruppe GRÖßE die gewünschte Anzahl an Zeilen und Spalten ein.

- ☑ In der Gruppe LAYOUT markieren Sie im Dropdown-Menü AUSRICHTUNG die gewünschte Position der Tabelle, rechts-, linksbündig oder zentriert.

- ☑ Geben Sie einen Wert zwischen 0 und 100 für die RAHMENSTÄRKE an. Sie legt primär die Stärke des Außenrahmens fest, der mit einem Schatteneffekt formatiert ist. Wählen Sie den Wert Null, dann erhält die Tabelle weder einen Außenrahmen noch Gitternetzlinien. Diese Art von Tabellen nennt man auch blinde Tabellen. Sie sind zwar zur Orientierung im Editor durch eine

Strichellinie angedeutet (wenn Sie den Anzeigemodus FOR-
MATIERUNGSCODE aktiviert haben), werden aber im Webbrowser
nicht angezeigt.

☑ Mit TEXTABSTAND legen Sie die Zeilenhöhe und -breite fest. Bei
der Wahl eines zu niedrigen Textabstands „klebt" der Text an
den Gitternetzlinien.

☑ Als letzten Layoutparameter geben Sie einen Wert für den
ZELLABSTAND ein. Hier üben Sie Einfluss auf den Abstand der
einzelnen Zellen der Tabelle und damit indirekt auf die Stärke
des Rahmens und der Gitternetzlinien aus.

In Bild 6.9 sind die Unterschiede dieser drei Layoutparameter
durch Variation jeweils eines Wertes deutlich hervorgehoben.

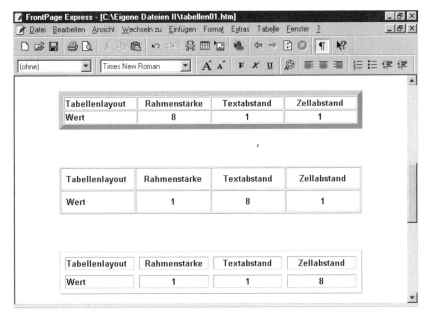

Bild 6.9:
Tabellen mit
unterschiedlichem
Layout

☑ In der untersten Gruppe des Dialogfeldes BREITE legen Sie optional die Mindestbreite der Tabelle fest. Lassen Sie das Kontrollkästchen BREITE ANGEBEN deaktiviert, erhalten Sie jedoch
eine äußerst schmale Tabelle, mit der man zunächst nur
schlecht umgehen kann. Sie passt sich erst bei Eingabe von Inhalten an den tatsächlichen Platzbedarf an und ist dann immer

"optimal" breit. Es ist ratsam, einen Wert anzugeben, und zwar am besten in Prozent der zur Verfügung stehenden Fensterbreite. Wählen Sie 100%, füllt die Tabelle die gesamte Fensterbreite aus und verändert sich bei Eingabe weiterer Inhalte nicht mehr.

☑ Bestätigen Sie Ihre Angaben mit OK.

Die Einstellungen in den Gruppen LAYOUT und BREITE speichert FrontPage Express automatisch ab. Rufen Sie das nächste Mal das Programm auf, so müssen Sie lediglich die Anzahl an Zeilen und Spalten angeben. So haben Ihre Tabellen alle ein einheitliches Aussehen.

Auf der Webseite „Informationsveranstaltungen über Japan" möchte ich die Termine der Diaabende übersichtlich in einer Tabelle darstellen. An diesem Beispiel erfahren Sie, wie Sie den Inhalt, Überschrift von Zeilen bzw. Spalten und den Tabellentitel einfügen, und wie Sie welche Tabellen- und Zelleneigenschaften ändern bzw. angeben können.

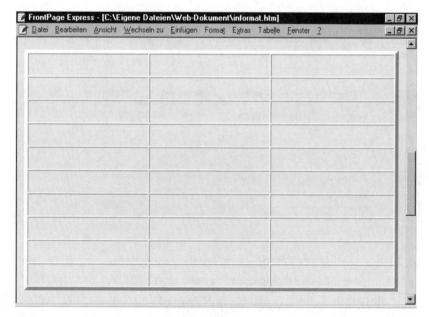

Bild 6.10:
Das (vorläufige) Tabellengerüst mit den Einstellungen von Bild 6.8

6.4.2 Tabelleneigenschaften ändern

Gefällt Ihnen das ursprünglich gewählte Layout der Tabelle nicht, dann können Sie die Einstellungen im Dialogfeld TABELLENEIGENSCHAFTEN verändern. Experimentieren Sie einfach so lange, bis Sie mit dem Ergebnis zufrieden sind.

☑ Klicken Sie mit der rechten Maustaste auf eine beliebige Stelle in der Tabelle, und wählen Sie die Option TABELLENEIGENSCHAFTEN. Sie können das Dialogfeld auch über das Menü TABELLE öffnen.

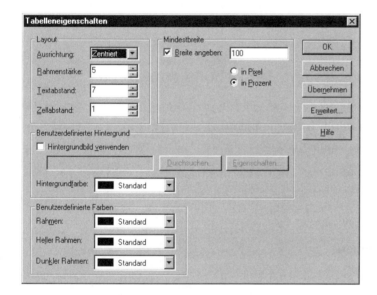

Bild 6.11:
Das Layout der Tabelle nachträglich verändern

6.4.3 Sich in der Tabelle bewegen

Da man bei der Texteingabe die Hände über der Tastatur hält, kann man die Eingabemarke meist schneller mit Hilfe der Tasten bewegen, als mit der Maus. Folgende Tabelle listet die wichtigen Tasten bzw. Tastenkombinationen auf.

Tabellen kreieren **97**

Tabelle 6.1:
Sich mit Tasten in
der Tabelle bewegen

Taste	Eingabemarke springt
[Tab]	zur nächsten Zelle
[Shift]+[Tab]	zur vorherigen Zelle
[↓]	zur darunterliegenden Zelle der nächsten Zeile
[↑]	zur darüberliegenden Zelle der vorhergehenden Zeile
[Pos1]	zum Anfang des Zelleninhalts
[Ende]	zum Ende des Zelleninhalts
[Strg]+[Tab]	aus der Tabelle

6.4.4 Bereiche der Tabelle markieren

Um Zellen, Spalten, Zeilen oder die gesamte Tabelle verändern, löschen oder deren Inhalt kopieren zu können, müssen Sie wissen, wie Sie die gewünschten Bereiche der Tabelle markieren können.

Eine Möglichkeit ist, dazu das Menü zu TABELLE zu nutzen. Dort sehen Sie die Eintragungen ZELLE MARKIEREN, ZEILE MARKIEREN, SPALTE MARKIEREN sowie TABELLE MARKIEREN. Bewegen Sie den Cursor an die gewünschte Stelle, und wählen Sie dann im Menü die entsprechende Option.

Sie können aber auch mit Hilfe der Maus Tabellen und deren Teilbereiche markieren. Das geht in der Regel schneller.

Möchten Sie eine ganze Zeile oder Spalte markieren, positionieren Sie den Cursor auf den Außenrahmen links bzw. oberhalb der Tabelle. Der Mauszeiger verwandelt sich in einen kleinen, schwarzen Pfeil, der entweder nach rechts oder unten zeigt. Mit einem Mausklick wird die Zeile bzw. die Spalte markiert.

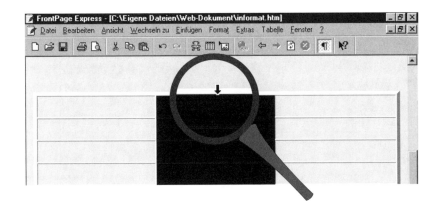

Bild 6.12:
Eine Spalte markieren

Um mehrere Spalten, Zeilen oder die gesamte Tabelle zu markieren, ziehen Sie bei gehaltener Maustaste den schwarzen Pfeil über mehrere Spalten bzw. Zeilen. Die Markierung der gesamten Tabelle können Sie auch über TABELLE ♦ TABELLE MARKIEREN erreichen.

6.4.5 Die Tabelle mit Inhalt füllen

Füllen Sie das nackte Tabellengerüst mit Leben!

Positionieren Sie den Cursor in ein beliebiges Feld, und tippen Sie den gewünschten Text ein. *FrontPage Express* bricht die Zeilen automatisch um, Sie sollten hier also nicht die -Taste betätigen. Ist ein Wort zu lang, wird die gesamte Spalte entsprechend verbreitert.

Die Spaltenbreite verändern

Fügen Sie eine Tabelle mit zum Beispiel vier Spalten ein, so ist jede dieser Spalten gleich breit, nämlich 25% der gesamten Tabellenbreite. Vielleicht möchten Sie eine Spaltenbreite gerne verändern. Führen Sie dazu folgende Schritte aus:

- ☑ Klicken Sie auf eine beliebige Stelle in der Spalte, deren Breite Sie verändern möchten, und

- ☑ öffnen Sie das Dialogfeld ZELLENEIGENSCHAFTEN über das Kontextmenü oder das Menü zu TABELLE.

Bild 6.13:
Hier verändern Sie Eigenschaften von Zellen, Zeilen und Spalten

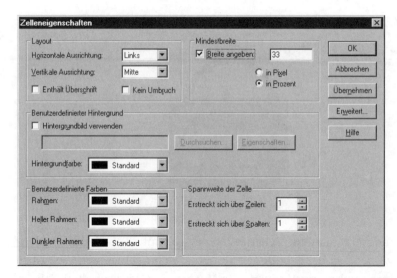

In der Gruppe MINDESTBREITE rechts oben können Sie nun die Prozentzahl verändern und mit OK bestätigen.

Diese Angabe bezieht sich jedoch lediglich auf die Mindestbreite, es ist kein starrer Wert. Die Spalte kann also durchaus breiter sein, wenn ihr Inhalt mehr Platz benötigt. Die Spalte passt sich dem Inhalt dynamisch an.

Den Text ausrichten

☑ Im selben Dialogfeld kann in der Gruppe LAYOUT auch die horizontale und vertikale Ausrichtung des Zelleninhalts festgelegt werden. Klicken Sie die gewünschte Ausrichtung im Dropdown-Menü an.

☑ Die horizontale Ausrichtung können Sie auch über die Schaltflächen LINKSBÜNDIG, ZENTRIERT oder RECHTSBÜNDIG auf der Format-Symbolleiste festlegen. Achten Sie darauf, dass Sie zuvor ganze Zeilen bzw. Spalten markiert haben. Haben Sie nur eine Zelle markiert, ändert sich zusätzlich der Abstand zur unteren Zellenbegrenzung.

In diesem Bild wurde beispielsweise für die erste Zeile im Feld HORIZONTALE AUSRICHTUNG die Option ZENTRIERT, für die restlichen LINKS gewählt. Für den Inhalt aller Zellen wurde im Feld VERTIKALE AUSRICHTUNG die Option MITTE selektiert.

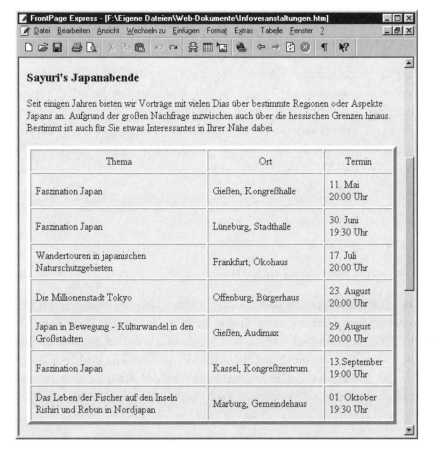

Bild 6.14:
Ausgefüllte Tabelle mit ausgerichtetem Text

Sie haben nur eine Chance

In *FrontPage Express* können Sie ausschließlich Ihre letzte Aktion rückgängig und damit ungeschehen machen! Denken Sie daran. Statt zu versuchen, eine ungewollte Formatierung oder eine sonstige unvorhergesehene Tat durch andere Befehle wieder zu reparieren, sollten Sie vorsichtshalber gleich die Notbremse ziehen und auf die Schaltfläche RÜCKGÄNGIG klicken.

Zellenüberschriften deklarieren

Die Überschriften von Zeilen und Spalten, also die erklärenden Bezeichnungen in der ersten Spalte bzw. in der ersten Zeile, sollten der Übersichtlichkeit halber hervorgehoben werden. Markieren Sie die Überschriften der Spalten und/oder der Zeilen, und aktivieren Sie im Dialogfeld ZELLENEIGENSCHAFTEN in der Gruppe LAYOUT das Kästchen ENTHÄLT ÜBERSCHRIFT. Der Text wird nun fett dargestellt.

Die Schriftzeichen formatieren

Den restlichen Tabelleninhalt können Sie wie in einem normalen Textverarbeitungsprogramm formatieren. Entweder mit Hilfe der Schaltflächen und dem Dropdown-Menü SCHRIFTART auf der Format-Symbolleiste oder im Dialogfeld ZEICHEN. Das Dialogfeld öffnen Sie mit der Tastenkombination [alt]+[↵], oder indem Sie im Kontextmenü oder im Menü zu ZEICHEN die Eintragung ZEICHENEIGENSCHAFTEN anklicken.

Der Tabelle einen Titel geben

Möchten Sie einen Tabellentitel einfügen, dann

- ☑ stellen Sie den Cursor in die Tabelle, und wählen Sie im Menü zu Tabelle die Option BESCHRIFTUNG. Die Eingabemarke springt über die Tabellenmitte.

- ☑ Geben Sie den Tabellentitel ein.

- ☑ Im Dialogfeld BESCHRIFTUNGSEIGENSCHAFTEN, das Sie über das Kontextmenü oder das Menü TABELLE öffnen, können Sie über die Position des Titels entscheiden. Bevorzugen Sie eine Tabellenüberschrift oder -unterschrift?

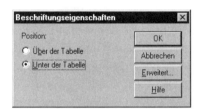

Bild 6.15:
Den Tabellentitel als Tabellenunterschrift festlegen

- ☑ Nachdem Sie das Dialogfeld mit OK geschlossen haben, können Sie bei Bedarf die Ausrichtung des Titels mit den Schaltflächen für Textausrichtung verändern.

Bild 6.16:
Tabelle mit Titel
(Beschriftung) und
Spaltenüberschriften

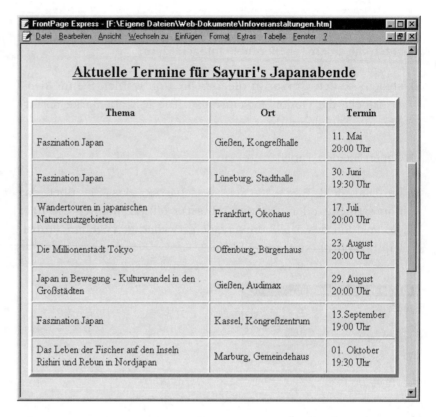

Um die Beschriftung samt eingefügter Zeile zu löschen, markieren Sie den Text und drücken zweimal [Entf].

6.4.6 Tabellenelement einfügen oder löschen

Wie so oft merkt man erst während des Arbeitens, dass für eine weitere Informationskategorie noch eine Spalte fehlt oder vielleicht eine Zeile zu viel ist. Kein Problem. Das kann leicht behoben werden.

Zeilen und Spalten einfügen

☑ Markieren Sie eine Zeile bzw. Spalte, bei der Sie eine neue einfügen möchten, und

☑ geben Sie den Befehl TABELLE ♦ ZEILEN ODER SPALTEN EINFÜGEN. Es erscheint das gleichnamige Dialogfeld.

Bild 6.17:
Wo soll die neue Zeile eingefügt werden?

Hier können Sie nicht nur angeben, ob die neue Zeile unter oder über der von Ihnen markierten eingefügt werden soll, sondern auch wie viele Zeilen Sie einfügen möchten.

Hatten Sie vor dem Aufrufen des Dialogfeldes eine Spalte markiert, dann werden Sie aufgefordert, das Kontrollkästchen LINKS NEBEN DER AUSWAHL bzw. RECHTS NEBEN DER AUSWAHL zu selektieren.

☑ Klicken Sie auf die Schaltfläche OK, um das oder die Elemente einzufügen.

Zeilen und Spalten löschen

Sie haben sich es wohl schon gedacht:

☑ Markieren Sie die Zeile bzw. Spalte, die Sie entfernen möchten, und

☑ drücken Sie auf die [Entf]-Taste, klicken Sie auf das Symbol AUSSCHNEIDEN, oder wählen Sie die Menüversion BEARBEITEN ♦ LÖSCHEN. Dabei wird nicht nur das markierte Tabellengerüst, sondern auch dessen Inhalt gelöscht.

Natürlich klappt das Verfahren auch mit der gesamten Tabelle, wenn Sie die Tabelle vorher mit TABELLE ♦ TABELLE MARKIEREN vollständig markiert haben.

6.4.7 Tabellenakrobatik

Mit diesem Editor ist es auch möglich, neue Tabellen in eine bereits bestehende Tabelle einzufügen. Auch können Sie einzelne Zellen innerhalb einer Zeile oder Spalte zusammenfügen bzw. teilen.

Zellen teilen und verbinden

Manchmal möchte man in einzelnen Zellen Informationen unterbringen, die man gerne optisch voneinander trennen würde. Das geht, indem man die Zellen teilt, und so aus einer zwei oder mehrere macht.

☑ Markieren Sie die Zelle oder Zellen, die Sie teilen möchten.

☑ Klicken Sie auf TABELLE ♦ ZELLEN TEILEN. Das gleichnamige Dialogfeld öffnet sich.

Bild 6.18: Spalte oder Zeile in zwei oder mehrere Zellen teilen

☑ Geben Sie an, ob Sie die Auswahl vertikal oder horizontal teilen möchten (das kleine Fenster in der Mitte hilft Ihnen dabei),

☑ legen Sie die Anzahl neuer Zeilen bzw. Spalten pro markierter Zelle fest, und klicken Sie auf OK.

Umgekehrt ist es manchmal sinnvoll, aus zwei Zellen eine zu machen, beispielsweise bei Spaltenüberschriften. Und das geht so:

☑ Markieren Sie die Zellen, die miteinander verbunden werden sollen, und

☑ wählen Sie im Menü zu TABELLE die Option ZELLEN VERBINDEN. Ihr Befehl wird sofort ausgeführt.

Tabellen verschachteln

Statt eine Zelle mehrfach horizontal und vertikal zu teilen, können Sie mit einem Befehl eine Tabelle in eine Zelle einer bereits erstellten Tabelle einfügen. Vor allem bei kompliziert aufgebauten Tabellen, und wenn Sie später noch etwas ändern möchten, ist dieses Verfahren zu bevorzugen.

- ☑ Klicken Sie die Zelle in der Tabelle an, in die eine neue Tabelle eingefügt werden soll.

- ☑ Wählen Sie im Menü zu TABELLE die Eintragung TABELLE EINFÜGEN,

- ☑ bestätigen Sie in dem Dialogfeld TABELLE EINFÜGEN die Angaben über Größe und Aussehen der neuen Tabelle, und klicken Sie auf OK.

Die Zellengröße der zuerst erstellten Tabelle wird seinem neuen Inhalt entsprechend angepasst. In der Regel müssen Sie die Tabelle neu formatieren.

Sie können das „Tabellenbaby" genauso wie die „Muttertabelle" formatieren. Theoretisch können Sie beliebig viele Verschachtelungen durchführen (ab einem gewissen Punkt macht's allerdings keinen Sinn mehr).

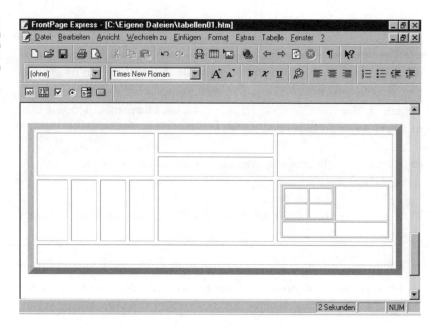

Bild 6.19:
Tabellenstudie: Zelle in Spalten bzw. Zeilen teilen, Zelle verbinden, Tabellen verschachteln

6.4.8 Tabellentrick: Seitenrand erzwingen

Mit Hilfe einer blinden Tabelle können Sie auch einen bestimmten Seitenrand erzwingen. Den Seitenrand können Sie zwar auch über eine andere Option einstellen (DATEI ♦ SEITENEIGENSCHAFT ♦ RÄNDER). Dies gilt aber nur für den linken Seitenrand und für die gesamte Seite. Außerdem werden Seitenränder nur von den jüngsten Browser-Versionen des *Internet Explorers* angezeigt.

Die Alternative, mit einer blinden einzeiligen Tabelle links und rechts einen Seitenrand zu simulieren, ist daher genial.

☑ Geben Sie den Befehl TABELLE ♦ EINFÜGEN.

☑ Im Dialogfeld TABELLE EINFÜGEN geben Sie unter ZEILEN und SPALTEN jeweils die Anzahl 1 ein,

☑ wählen Sie die Ausrichtung ZENTRIERT,

☑ die RAHMENSTÄRKE 0, und

- ☑ geben Sie die gewünschte Mindestbreite der Tabelle an. Wählen Sie zum Beispiel 80%, dann wird der linke und rechte Seitenrand jeweils 10% betragen.

- ☑ Bestätigen Sie alle Eingaben mit OK.

Formatieren Sie den nächsten Absatz wieder wie einen normalen Text ohne Tabelle und damit ohne den vergrößerten Seitenrand, so können Sie Ihr Werk wirkungsvoll strukturieren.

6.4.9 Tabellen und Farben

Hatten Sie für die Webseite eine Hintergrundfarbe gewählt, dann konnten Sie feststellen, dass das Tabellengerüst sowie sein Inhalt auf diese Hintergrundfarbe gelegt wurde. Sie scheint sozusagen durch.

Sie können aber die Hintergrundfarbe für die Tabelle auch ändern und die Rahmen und Gitternetzlinien farbig gestalten. Das ist für die gesamte Tabelle sowie für Teilbereiche möglich.

- ☑ Markieren Sie die Tabelle mit Hilfe der Maus oder über TABELLE ♦ TABELLE MARKIEREN.

- ☑ Öffnen Sie das Dialogfeld TABELLENEIGENSCHAFTEN, beispielsweise über das Kontextmenü.

- ☑ Wählen Sie die Farbe in den jeweiligen Dropdown-Menüs der Felder HINTERGRUND, RAHMEN (Außenrahmen), HELLER RAHMEN (Gitterlinie unten und rechts sowie Außenrahmen oben und links) bzw. DUNKLER RAHMEN (Gitterlinie oben und links sowie Außenrahmen unten und rechts). Verwirrt? Probieren Sie es aus!

- ☑ Klicken Sie auf OK, und betrachten Sie Ihre Farbkomposition mit kritischem Blick.

Möchten Sie nur Teilbereiche der Tabelle farbig verändern, dann

- markieren Sie die entsprechenden Zellen, und öffnen Sie das Dialogfeld ZELLENEIGENSCHAFTEN.

- Bestätigen Sie die Farbwahl in den Gruppen BENUTZERDEFINIERTER HINTERGRUND und BENUTZERDEFINIERTE FARBEN mit OK.

6.4.10 Tabellen und HTML

Viele verschiedene Eigenschaften und Formatierungsmöglichkeiten bedingen viele HTML-Befehle. Einige kennen Sie auch schon. Aber alles der Reihe nach.

Das Grundgerüst

Im folgenden sehen Sie den Ausschnitt der HTML-Ansicht für eine ganz einfache Tabelle mit zwei Zeilen und zwei Spalten. Die erste Zeile wurde als Spaltenüberschrift formatiert.

```
<TABLE BORDER="5" CELLPADDING="5" CELLSPACING="5"
WIDTH="100%">
   <TR>
      <TH WIDTH="50%">KOPFZELLE</TH>
      <TH WIDTH="50%">KOPFZELLE</TH>
   </TR>
   <TR>
      <TD WIDTH="50%">DATENZELLE</TD>
      <TD WIDTH="50%">DATENZELLE</TD>
   </TR>
</TABLE>
```

In der ersten Zeile dieses HTML-Quelltextes geht es um das Tabellenlayout. Es werden die Maße des Außenrahmens (BORDER), des Randabstands vom Zelleninhalt zum Rand (CELLPADDING) sowie die Stärke der Gitternetzlinie (CELLSPACING) festgelegt. Die Werte betragen jeweils 5 Pixel. Außerdem wird die minimale Tabellenbreite in Prozent (WIDTH="100%">) angegeben.

`<TR>...</TR>` legt die Tabellenzeile fest (table row). In HTML werden Tabellen zeilenweise abgearbeitet. `<TH>...</TH>` definiert den Kopf der Zelle (table head), also entweder die erste Zeile, wie in unserem Beispiel, oder die erste Spalte. `<TD>...</TD>` schließt den Dateninhalt einer normalen Zelle (table data = Tabellendaten) ein. Zudem ist die Zellenbreite (`WIDTH="50%"`) angegeben. Danach folgt der Text, die Graphik, der Verweis etc. der Zelle.

Der Quelltext einer blinden Tabelle (also einer ohne Rahmen), mit deren Hilfe ein Seitenrand erzwungen werden soll, könnte beispielsweise so aussehen:

```
<DIV ALIGN="center"><CENTER>
   <TABLE BORDER="0" CELLPADDING="3" CELLSPACING="3"
   WIDTH="70%">
      <TR>
         <TD WIDTH="100%">...</TD>
      </TR>
   </TABLE>
</CENTER></DIV>
```

Die gesamte Tabelle wird von den einleitenden Tags `<DIV><CENTER>` und den abschließenden Gegenstücken `</CENTER></DIV>` eingerahmt. Sie geben an, dass der gesamte Absatz – in unserem Beispiel die Tabelle – zentriert ausgerichtet werden soll (`ALIGN="center"`).

Da die Tabellenbreite 70% beträgt (`WIDTH="70%"`), entsteht ein erzwungener linker und rechter Seitenrand von jeweils 15%. Die Tabelle ist einzellig, sie besteht aus nur einer Zeile mit einer Zellenbreite von 100% (`<TD WIDTH="100%">...</TD>`).

Ausrichtung des Zelleninhalts

```
<TD ALIGN="center" WIDTH="50%">Inhalt zentriert</TD>
<TD ALIGN="right" WIDTH="50%">Zelleninhalt rechts</TD>
```

Standardmäßig ist die horizontale Ausrichtung (`ALIGN`) des Zelleninhalts linksbündig. Verändern Sie dieses Layout der Zellen in ZENTRIERT oder RECHTS, dann wird im Quelltext zusätzlich die Ausrichtung `ALIGN="center"` bzw. `ALIGN="right"` angegeben.

```
<TD VALIGN="bottom" WIDTH="50%">Zelleninhalt unten</TD>
<TD VALIGN="top" WIDTH="50%">Zelleninhalt oben</TD>
```

Entsprechend wird auch die vertikale Ausrichtung (VALIGN) im Quelltext aufgeführt, wenn sie nicht dem Standard MITTE entspricht.

Tabellenüberschrift und -unterschrift

```
<CAPTION ALIGN="top">Tabellenüberschrift</CAPTION>
<CAPTION aLign="bottom">Tabellenunterschrift</CAPTION>
```

Der Container-Tag <CAPTION>...</CAPTION> schließt den Titel ein, der sich entweder oberhalb ALIGN="top" oder unterhalb ALIGN="bottom" der Tabelle befindet.

Verbundene Zellen

```
<TD COLSPAN="2" WIDTH="100%">Spalten verbunden</TD>
<TD ROWSPAN="3" WIDTH="50%">Zeilen verbunden</TD>
<TD ROWSPAN="2" COLSPAN="2" WIDTH="100%">beides</TD>
```

COLSPAN="2" gibt an, dass zwei Spalten miteinander verbunden wurden (colspan = column span = Spalten umspannend). Die Zellenbreite beträgt nun 100%. Werden Zeilen miteinander verbunden, übersetzt das HTML mit ROWSPAN="3". In diesem Beispiel wurden drei Zeilen miteinander verbunden, so dass die Zelle nun drei Zeilen umspannt (rowspan = Zeilen umspannen). Die letzte Quelltextzeile gibt an, dass zwei Zeilen und zwei Spalten auf einmal verbunden wurden.

Eine verschachtelte Tabelle

Der folgende Quelltext sieht auf den ersten Blick erst einmal erschreckend aus; doch wenn Sie näher hinschauen und relaxt die Befehle verfolgen, werden Sie erkennen, dass da eigentlich gar nichts Neues dabei ist.

```
<TABLE BORDER= ... WIDTH="100%">
   <TR>
      <TD WIDTH="50%">Linke Spalte Primärtabelle</TD>
      <TD WIDTH="50%">
      <TABLE BORDER= ... WIDTH="100%">
         <TR>
            <TD WIDTH="50%">1. Zelle</TD>
            <TD WIDTH="50%">2. Zelle</TD>
         </TR>
         <TR>
            <TD WIDTH="50%">3. Zelle</TD>
            <TD WIDTH="50%">4. Zelle</TD>
         </TR>
      </TABLE>
      </TD>
   </TR>
</TABLE>
```

Was wurde im Editor kreiert? In der rechten Spalte einer einzeiligen Primärtabelle wurde eine zweizeilige und zweispaltige Tabelle (vier Zellen) eingefügt. Genau!

6.5 Laufschrift

Bringen Sie Bewegung auf Ihre Webseite! Gestalten Sie Ihr Werk lebendiger, indem Sie Sätze horizontal über den Bildschirm laufen lassen.

Mit der Laufschrift wird der Leser auf etwas Besonderes aufmerksam gemacht, beispielsweise auf ein Sonderangebot, einen Termin oder vielleicht eine wichtige Änderung. Meist ist es auf Internetseiten jedoch die Werbung, die als animierendes Element sich über den Bildschirm bewegt.

6.5.1 Den Lauftext zum Laufen bringen

So fügen Sie eine Laufschrift ein:

☑ Platzieren Sie den Cursor an die Stelle, wo Sie den Lauftext einfügen möchten. Meist ist das entweder am Kopf oder am Fuß des Dokuments.

☑ Wählen Sie EINFÜGEN • LAUFSCHRIFT. Das Dialogfeld LAUFSCHRIFTEIGENSCHAFTEN öffnet sich.

Bild 6.20:
Viele Einstellungsmöglichkeiten zum bewegten Text

☑ Tippen Sie im Textfeld Ihren Text ein, der sich als Laufschrift über den Bildschirm bewegen soll.

Nun können Sie einige Einstellungen zum allgemeinen Bewegungsablauf und zur Erscheinung des Textes durchführen.

☐ RICHTUNG: Gibt an, ob der Text von rechts nach links oder umgekehrt über den Bildschirm laufen soll.

☐ BEWEGUNGSABLAUF: In dieser Gruppe legen Sie durch die zwei Parameter VERZÖGERUNG und GESCHWINDIGKEIT die Laufgeschwindigkeit fest. Sie wird zum einen durch die Verzögerung zwischen zwei Bewegungsabläufen in Millisekunden und zum anderen durch die Anzahl der Pixel zwischen zwei Bewegungsabläufen bestimmt.

An die Hardware anderer denken

Wie klar und deutlich oder zittrig der Lauftext über den Bildschirm flitzt, ist nicht nur von Ihrer gewählten Einstellung abhängig. Die gleiche Einstellung kann auf zwei verschiedenen Rechnern mit unterschiedlicher Ausstattung verschiedene Resultate bringen. Darum wählen Sie lieber eine langsamere Laufgeschwindigkeit.

- VERHALTEN: Haben Sie UMLAUFEN gewählt, läuft der Text von einer Bildschirmseite zur anderen und sobald das letzte Wort des Textes auf der einen Seite des Rahmens nicht mehr sichtbar ist, beginnt der Text wieder mit dem ersten Wort auf der anderen Seite. Im Gegensatz dazu verschwindet der gesamte Text bei EINSCHIEBEN, sobald er die andere Seite des Lauftextrahmens erreicht hat. Die Option OSZILLIEREN legt fest, dass sich der Text im Rahmen immer vor und zurück bewegt.
- TEXTAUSRICHTUNG: Die Einstellung ist interessant, wenn Sie den Lauftext neben einen normalen Text platzieren. Geben Sie hier an, ob Sie den Text am Rand OBEN oder UNTEN beziehungsweise in der MITTE des Lauftextes ausrichten möchten.
- GRÖSSE: Aktivieren Sie die Kontrollkästchen BREITE ANGEBEN und HÖHE ANGEBEN, haben Sie die Möglichkeit, die Größe des Lauffeldes in Pixel oder Prozent anzugeben.
- WIEDERHOLEN: Soll sich der Lauftext permanent über den Bildschirm bewegen, dann lassen Sie KONTINUIERLICH aktiviert. Ansonsten deaktivieren Sie das Kontrollkästchen und tragen die Anzahl in das vorgesehene Feld ein.
- HINTERGRUNDFARBE: Soll der Lauftext besonders auffällig gestaltet werden, wählen Sie hier im Dropdown-Menü eine Farbe aus. Belassen Sie die Einstellung STANDARD, wird automatisch die Hintergrundfarbe Ihres Dokuments verwendet.

☑ Wenn Sie alle Einstellungen getätigt haben, klicken Sie auf OK.

Der Lauftext wird auf Ihrer Seite eingefügt – aber er bewegt sich kein Stück! Das macht er nämlich erst, wenn Sie Ihre Datei im *Internet Explorer Browser* (oder einem anderen Webbrowser) aufrufen. Dann werden Sie in den Genuss dieser optischen Animation kommen und die laufenden Wörter bewundern können.

6.5.2 Ja, wo laufen sie denn?!

Wie sollen Sie Ihre Einstellungen im Dialogfeld LAUFSCHRIFTEIGENSCHAFTEN überprüfen und eventuell korrigieren können, wenn alles stillsteht und Sie gar keine Wörter laufen sehen? Also betrachten wir uns die Seite einmal im *Internet Explorer Browser*.

Den *Internet Explorer* öffnen

☑ Sie rufen den *Internet Explorer Browser* am schnellsten auf, indem Sie auf das kleine **e** auf der Task-Leiste klicken (das ist die Leiste ganz unten, auf der sich die START-Schaltfläche befindet). Alternativ dazu können Sie auch das **e** auf dem Desktop doppelt anklicken.

Eventuell öffnet sich dann das Dialogfeld VERBINDUNG HERSTELLEN.

Bild 6.21:
Offlinebetrieb anklicken

Da Sie zur Begutachtung Ihrer Datei keine Internetverbindung herstellen müssen, klicken Sie auf die Schaltfläche OFFLINEBETRIEB. Es öffnet sich das Fenster des Browsers.

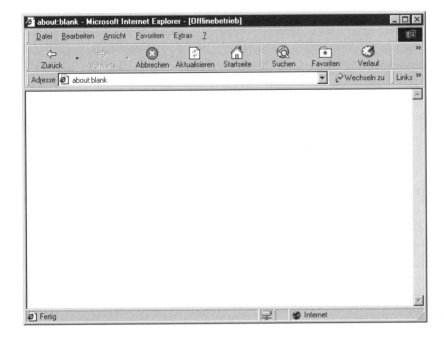

Bild 6.22:
Der Internet Explorer Browser

Ihre Datei aufrufen

☑ Wählen Sie DATEI ♦ ÖFFNEN oder [Strg]+[O], und

☑ geben Sie im Dialogfeld ÖFFNEN den Pfad Ihrer Datei an, die Sie sich im Browser ansehen möchten. Meist geht das am schnellsten und vor allem fehlerfrei, wenn man die Hilfestellung DURCHSUCHEN in Anspruch nimmt.

Begutachten Sie kritisch das allgemeine Erscheinungsbild und die Geschwindigkeit des eingefügten Lauftextes. Gefällt Ihnen die Schriftgröße, die Farbwahl, das Laufverhalten etc. Stimmt die Geschwindigkeit? Läuft der Text zu schnell über den Bildschirm, kann der Leser wohl kaum die wichtigen Informationen entnehmen.

Nun beginnt die Phase II, das Überarbeiten des Lauftextes und seiner Eigenschaften.

6.5.3 Laufschrifteigenschaften bearbeiten

Um die Textformatierungen des Lauftextes vorzunehmen und die Laufeigenschaften zu ändern, müssen Sie wieder zurück zum *FrontPage Express*-Editor.

- ☑ Wechseln Sie zurück zum Editor. (Klicken Sie dazu auf die Schaltfläche *FrontPage Express* auf der Task-Leiste, oder wechseln Sie das Fenster über die Tastenkombination [alt]+[⇆].)

Ideal ist es, ...

wenn Sie auf Ihrem Bildschirm beide geöffnete Programmfenster sehen und so mit einem Mausklick schnell wechseln können. Denn beim Experimentieren mit den Einstellungen müssen Sie immer wieder zwischen Editor und Browser hin und herspringen.

- ☑ Öffnen Sie im Editor das Dialogfeld LAUFTEXTEIGENSCHAFTEN, in dem Sie den Lauftext eingegeben hatten, indem Sie auf den Lauftext doppelklicken. Sie können das Dialogfeld auch über das Kontextmenü oder das BEARBEITEN-Menü öffnen.

- ☑ Ändern Sie dort die Einstellungen, die Ihnen im Browser nicht so gut gefallen haben, und schließen Sie das Dialogfeld mit OK.

- ☑ Speichern Sie die Datei.

☑ Wechseln Sie zum *Internet Explorer Browser*, und

☑ klicken Sie dort auf die Schaltfläche AKTUALISIEREN. Nun sehen Sie die geänderte Lauftexteigenschaft.

Probieren Sie doch einfach einmal aus, welche Auswirkungen die Einstellungen der Eigenschaften auf das Laufverhalten haben. Dabei ist es immer günstig, nicht so viel auf einmal zu verändern. Vergessen Sie nicht, die Datei im Editor zu speichern und im Browser zu aktualisieren.

Breite und Höhe verändern

Das Verändern der Größe des Lauftextrahmens geht übrigens im Eingabefeld besser als im Dialogfeld LAUFTEXTEIGENSCHAFTEN. Klicken Sie mit der Maus auf einen der schwarzen Punkte in der Mitte der Rahmenlängs- oder querseite, und ziehen Sie den Rahmen mit gehaltener Maustaste auf die gewünschte Größe. Lassen Sie dann die Maustaste wieder los.

Den letzten Schliff

Die Schriftart, -größe und Darstellung des Lauftextes können Sie auch formatieren. Allerdings kann die Formatierung nur für den gesamten Text und nicht zeichenweise vorgenommen werden.

☑ Markieren Sie den Lauftext im Editor.

☑ Öffnen Sie das Dialogfeld ZEICHEN über das Kontextmenü, über BEARBEITEN ♦ ZEICHEN oder mit [alt]+[↵], und nehmen Sie dort die gewünschten Formatierungen vor. Alternativ dazu können Sie auch die Schaltflächen auf der Format-Symbolleiste einsetzen.

Ein Lauftext kann übrigens nicht unterstrichen dargestellt werden. Ansonsten sind aber alle Schriftformatierungen möglich.

Da der von mir eingefügte Lauftext nicht die ganze Bildschirmbreite in Anspruch nimmt, habe ich die Rahmenbreite auf 85% gesetzt. Um den Lauftextrahmen mittig auszurichten,

☑ markieren Sie den Text und

☑ klicken auf die Schaltfläche ZENTRIEREN oder führen die Absatzausrichtung im Dialogfeld ABSATZEIGENSCHAFTEN (FORMAT ♦ ABSATZ) aus.

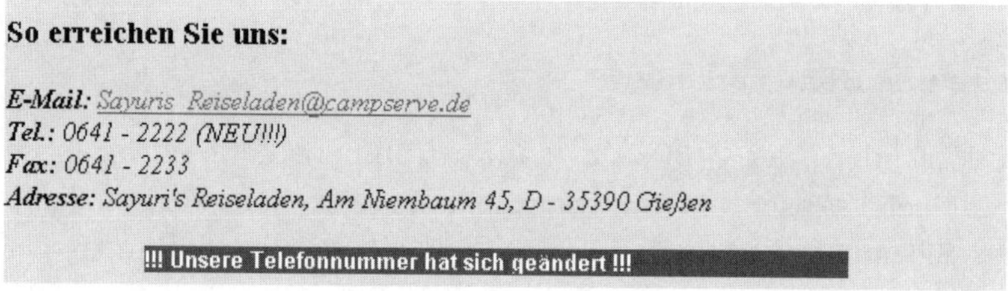

Bild 6.23:
Der eingefügte Lauftext

So erreichen Sie uns:

E-Mail: Sayuris_Reiseladen@campserve.de
Tel.: 0641 - 2222 (NEU!!!)
Fax: 0641 - 2233
Adresse: Sayuri's Reiseladen, Am Niembaum 45, D - 35390 Gießen

!!! Unsere Telefonnummer hat sich geändert !!!

6.5.4 Die Laufschrift und HTML

Und wie sieht das in HTML aus?

```
<P ALIGN="center">
   <FONT COLOR="#FFFFFF" SIZE="3" FACE="Arial"><KBD>
   <STRONG>
      <MARQUEE BEHAVIOR="alternate"BGCOLOR="#008080"
      SCROLLAMOUNT="3" SCROLLDELAY="120" WIDTH="70%">
      !!! Unsere Telefonnummer hat sich geändert!!!
      </MARQUEE>
   </STRONG></KBD></FONT>
</P>
```

Der Absatz ist zentriert ausgerichtet (<P ALIGN="center">...</P>). Die Zeichen des Lauftextes (<FONT>...</FONT>)

sind weiß (COLOR="#FFFFFF"), die Schriftgröße 3 (SIZE="3"), die Schriftart ist Arial (FACE="Arial") und als Tastatureingabe (<KBD>...</KBD>) und fett (<STRONG>...</STRONG>) formatiert.

Danach werden zwischen dem einleitenden Tag <MARQUEE...> und dem abschließenden Tag </MARQUEE> die Laufschrifteigenschaften beschrieben (marquee = Anzeigetafel).

Das Laufverhalten (BEHAVIOR="alternate") wurde als oszillierend eingestellt (behavior = Verhalten, alternate = wechselnd). SCROLL-AMOUNT="3" und SCROLLDELAY="120" geben die Werte für die Laufgeschwindigkeit beziehungsweise die Verzögerung an (amount= Zustand; delay = Verzögerung). Die Rahmenfarbe wurde mit Blaugrün (BGCOLOR="#008080"), die Rahmenbreite mit 70% (WIDTH="70%") festgelegt.

6.6 Sonderzeichen

Einige Zeichen, die uns durchaus gebräuchlich sind, gibt es nicht auf der Tastatur (die ist ja schon groß genug). Dafür gibt es sie in einem entsprechenden Dialogfeld im *FrontPage Express*.

So fügen Sie Sonderzeichen in Ihren Text ein:

☑ Platzieren Sie den Cursor an die Stelle, an der Sie das oder die Sonderzeichen einfügen möchten.

☑ Wählen Sie EINFÜGEN ◆ SONDERZEICHEN. Das Dialogfeld SONDERZEICHEN öffnet sich.

Bild 6.24: Selektieren Sie das gewünschte Zeichen

☑ Klicken Sie das gewünschte Zeichen an, (das selektierte Zeichen erscheint vergrößert im unteren Bereich des Dialogfeldes) und dann die Schaltfläche EINFÜGEN.

☑ Wiederholen Sie den Vorgang, wenn Sie mehr als ein Sonderzeichen einfügen möchten.

☑ Durch Mausklick auf die Schaltfläche SCHLIEßEN wird das Sonderzeichen beziehungsweise werden die Sonderzeichen in Ihren Text eingefügt.

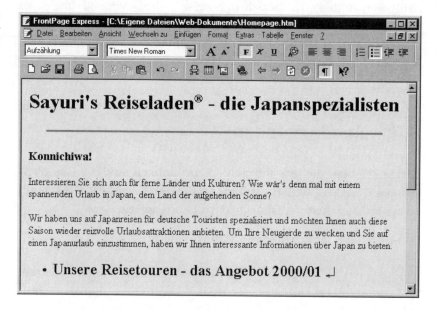

Bild 6.25:
Ein Trademark-Zeichen einfügen

6.7 Kommentare

Ihre Webseite während der Entwicklung intern für Ihren eigenen Gebrauch zu kommentieren, kann sehr sinnvoll sein. Vor allem, wenn mehrere Personen am selben Dokument arbeiten, oder wenn es kompliziert wird, und Sie schon jetzt wissen, dass Sie in einem Jahr keine Ahnung mehr haben, wie Sie denn damals darauf gekommen sein könnten ...

Sie können sich auch während der Entstehung der Webseite im Dokument Notizen machen, zum Beispiel welche Farbvarianten Sie bereits ausprobiert haben. Kommentare sollen Ihnen das Leben leichter machen.

Die Kommentare erscheinen in Ihrem Editor optisch hervorgehoben, werden aber vom Webbrowser nicht angezeigt, sind also für den Leser Ihrer Webseite nicht sichtbar.

Keine peinlichen Kommentare!

Dass die Kommentare vom Webbrowser nicht sichtbar gemacht werden, heißt noch lange nicht, dass der Betrachter Ihrer Webseite keine Möglichkeit hat, doch an sie ranzukommen. Denn bei den meisten Webbrowsern kann man sich den HTML-Quelltext anzeigen lassen. Und damit kommen auch Ihre eingefügten Kommentare zum Vorschein.

Den Kommentar einfügen und bearbeiten

Um einen Kommentar einzufügen, führen Sie folgende Schritte aus:

- ☑ Klicken Sie an die Stelle im Text, wo Sie den Kommentar einfügen möchten.

- ☑ Wählen Sie im Menü zu EINFÜGEN die Option KOMMENTAR. Es erscheint das Dialogfeld KOMMENTAR.

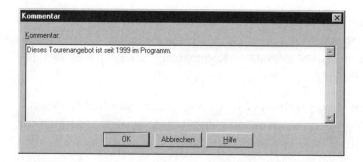

Bild 6.26:
Schreiben Sie in dieses Feld Ihre Anmerkung hinein

☑ Tippen Sie im Eingabefeld des erscheinenden Dialogfeldes Ihren Kommentartext ein, und

☑ bestätigen Sie mit OK.

Dieser Kommentar wird nun im Dokument Ihres Editors in violetter Schrift angezeigt und beginnt grundsätzlich mit „Kommentar:".

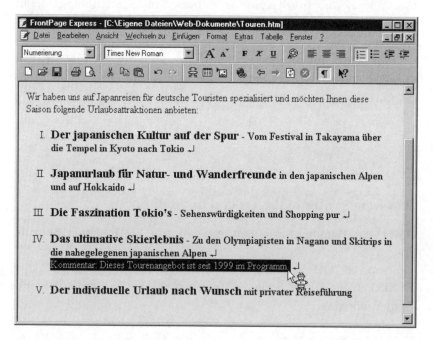

Bild 6.27:
Einen Hinweis als Kommentar eingefügt

Den Kommentar können Sie innerhalb Ihrer Webseite verschieben oder auch wieder löschen. Zum Markieren brauchen Sie den Kommentar einfach nur anzuklicken.

Um aber nachträglich Änderungen am Kommentar vornehmen zu können, müssen Sie in die HTML-Ansicht wechseln. Klicken Sie im Dialogfeld HTML ANZEIGEN ODER BEARBEITEN an die Stelle des Kommentars, an der Sie etwas löschen oder einfügen möchten.

☑ Wenn Sie sich mit der Maus über den Kommentartext bewegen, erscheint der sogenannte WebBot-Cursor (siehe Bild 6.27). Dieser kleine Robot ist Ihnen bestimmt schon beim ersten Starten von *FrontPage Express* ins Auge gesprungen. Um WebBot-Komponenten geht es im Kapitel 10. Jetzt dazu nur so viel: Der Kommentar ist im *FrontPage Express* eine WebBot-Komponente.

Kommentare und HTML

```
<!--WEBBOT BOT="PurpleText"
    PREVIEW="Dieses Tourenangebot ist seit Anfang 1998
    im Programm."
-->
```

Kommentare werden in HTML mit den Tags `<!--...-->` eingeschlossen. Da man in *FrontPage Express* durch den Befehl EINFÜGEN • KOMMENTAR eine WebBot-Komponente einfügt, erscheint im Quelltext zusätzlich `WEBBOT BOT="PurpleText" PREVIEW="..."` mit dem Hinweis, dass der Kommentar mit violetten Schriftzeichen formatiert wird (purple = violett).

7 Hypermobil durch Querverweise

Das ganze World Wide Web lebt von Querverweisen. Das eingedeutschte englische Wort für diese Verweise ist Hypertext-Link, Hyperlink oder einfach nur kurz Link. Diese Begriffe werden von vielen Leuten nur allzu gerne benutzt. *FrontPage Express* verwendet die Bezeichnung Hyperlink. Was sich dahinter verbirgt und wie Sie diese Querverweise in Ihre Dokumente einbauen können, erfahren Sie in diesem Kapitel.

Auf fast allen Webseiten wird auf Adressen anderer Ressourcen im Internet verwiesen. Die Hyperlinks sind immer optisch hervorgehoben, so dass man sie als solche gleich erkennt. Klickt man mit der Maus auf einen dieser Verweise, dann sucht der Webbrowser nach dieser Ressource im Internet, die auf irgend einem Server irgendwo auf der Welt abgelegt sein kann. Schließlich spricht man ja aufgrund der vielen verknüpfenden Querverweise kreuz und quer rund um die Welt vom weltweiten Netz der Netze, dem World Wide Web.

7.1 Der Seitensprung im Web

Mit Hilfe dieser Querverweise können also die Internetsurfer von einer Webseite zur anderen springen, ohne jeweils mühsam nach Adressen zu suchen oder sie gar per Hand eintippen zu müssen. Diese Art von Seitensprung ist unkompliziert und nicht folgenschwer – solange man immer wieder zur Homepage des Dokuments zurückfinden kann.

Wissen, von wo aus und wohin die Reise geht

Meistens dienen einzelne Wörter oder Textpassagen als Hyperlink. Aber auch an Bilder können Verweise geknüpft werden. Es ist auf alle Fälle sinnvoll, das Objekt so zu wählen oder zu beschreiben, dass der Leser auch weiß, auf was er verwiesen wird und was ihn dort erwartet.

In der Regel ist der Hyperlink mit einer Webseite verknüpft. Das Ziel des Hyperlinks kann aber auch ein Programm oder eine Multimediadatei sein.

Ein Hypertext sollte nichts mit einem Buch gemein haben, in dem man immer nur in einer Richtung blättert und die Seiten der Reihe nach abarbeitet. Verzweigungen und Verweise machen das Web lebendig. Und da diese Verweise im World Wide Web das A und O sind, dürfen sie auf Ihren Webseiten natürlich nicht fehlen.

Neben Verweise auf externe Dokumente im Internet und auf internen Webseiten innerhalb Ihres lokalen Webs, können Sie diese Navigationshilfen auch innerhalb einer Webseite einsetzen oder auf Internetdienste verweisen.

Folgendes Bild zeigt eine Übersicht über Querverweise mit ihren vielen verschiedenen Zielen. Sie alle werden in den Abschnitten dieses Kapitels erklärt.

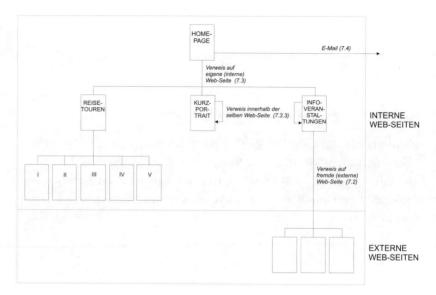

Bild 7.1:
Alle Hyperlinks auf einen Blick

Auf die Maschenweite achten

Querverweise sind wirklich nützlich und erleichtern das Leben des Surfers. Doch zu viele davon verfilzen das Netz und lassen den verwirrten Leser sich darin verfangen. Finden Sie ein gesundes Mittelmaß!

7.2 Auf externe Dokumente im WWW verweisen

Häufig sieht man auf persönlichen Webseiten eine Hitliste mit den Lieblings-Links auf Dokumente im World Wide Web, die der Autor unheimlich cool findet. Firmen verweisen auf die Homepage ihrer Tochterfirma und umgekehrt. Im Netz publizierte wissenschaftliche Artikel nehmen Stellung zu anderen Arbeiten, indem sie als Zitatangabe den Hyperlink auf eine entsprechende Webseite im Text einbetten.

Auf unserer Webseite „Informationsveranstaltungen über Japan" haben wir am Ende Hyperlinks zu Internetadressen japanischer Organisationen angegeben, mit deren Hilfe die Besucher vielseitig über Japan informiert werden.

7.2.1 Was ist eine URL?

Um auf eine Datei im Internet verweisen zu können, muss man deren genaue Adresse wissen. Jede Datei hat im Internet eine eindeutige Adresse, mit deren Hilfe sie identifiziert werden kann. Diese eindeutige Adresse bezeichnet man mit URL. Das ist die Abkürzung für Uniform Resource Locator. Eine URL besteht aus zwei Teilen:

- dem Protokolltyp, der die Zugriffsart auf die Adresse festlegt (z. B. http://; mehr darüber im Abschnitt 7.7.4) und
- der eigentlichen Adresse, die sich aus dem Webserver und dem Dateipfad zusammensetzt.

Zwei Beispiele einer URL sind:

```
http://www.jinjapan.org/index.htm
http://www.wtgonline.com/country/jp/gen.htm.
```

Um auf eine externe Seite im Internet zu verweisen, müssen Sie die vollständige Adresse angeben. Man spricht auch von der **absoluten URL**. Verweisen Sie hingegen auf andere Dokumente, die auf dem selben Server liegen, wie Ihr aktuelles Dokument, dann reicht eine vereinfachte Form der Angabe, eine sogenannte **relative URL**.

7.2.2 Ein markiertes Objekt verknüpfen

Um einen Querverweis im Editor zu erstellen, verknüpfen Sie den Hyperlink mit einer bestimmten Stelle in Ihrem Dokument (mit einem Wort, Satz, einer Graphik etc.). Führen Sie dazu folgende Schritte aus.

☑ Markieren Sie mit der Maus das Wort, die Textpassage oder ein anderes Objekt, an das der Verweis geknüpft werden soll, und

☑ rufen Sie das Dialogfeld HYPERLINK ERSTELLEN auf: über EINFÜGEN ♦ HYPERLINK, der Tastenkombination [Strg]+[K] oder durch Mausklick auf die Schaltfläche HYPERLINK ERSTELLEN ODER BEARBEITEN. Im Dialogfeld ist die mittlere der Registerkarten WWW gewählt.

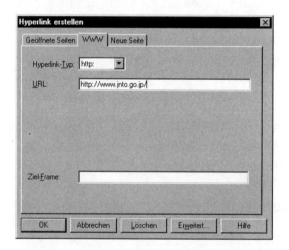

Bild 7.2:
Einen Hyperlink im World Wide Web einfügen

☑ Belassen Sie im Feld HYPERLINK-TYP die Eintragung HTTP:, ergänzen Sie nur die Adresse des Zieldokuments im Feld URL: (zum Beispiel die Adresse http://www.jnto.go.jp/), und

☑ bestätigen Sie mit OK.

Sie sehen, wie Ihre zuvor markierte Textstelle, durch die nun der Hyperlink identifiziert wird, farbig und unterstrichen dargestellt wird. Durch die Hervorhebung erkennt der Besucher den Hyperlink. Denn nicht nur der Editor, sondern auch alle Webbrowser markieren die Hyperlinks optisch auffällig.

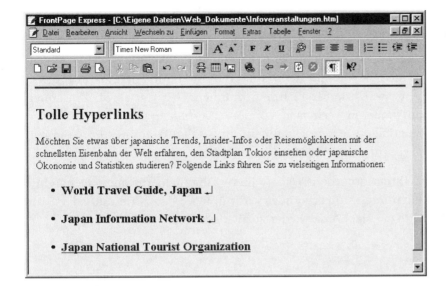

Bild 7.3:
Durch Unterstreichung visuell erkennbarer Hyperlink

7.2.3 Die URL während des Eintippens verknüpfen

Wenn Sie im Text Ihrer Webseite sowieso die vollständige Adresse des zu verknüpfenden Zieldokuments ausgeschrieben aufführen möchten, dann brauchen Sie kein Dialogfeld zu öffnen. Die Verknüpfung geschieht automatisch, sobald *FrontPage Express* die Adresse als eine URL identifiziert hat.

Probieren Sie es doch einmal aus, tippen Sie die Adresse eines Webdokuments in das Textfeld des Editors. (Sie können auch eine Phantasieadresse eingeben, Hauptsache, sie hat die typischen Merkmale „www.bla.bla").

Möchten Sie aber an dieser Stelle mit dieser Adresse gar keinen Hyperlink erstellen, dann können Sie den von *FrontPage Express* voreilig erstellten auch wieder löschen. Klicken Sie den Adressennamen an, und wählen Sie im Menü zu BEARBEITEN die Option HYPERLINK LÖSCHEN (siehe auch Abschnitt 7.6). Der Name der Adresse bleibt im Text stehen, er wird lediglich nicht mehr als Hyperlink identifiziert, was Sie an der normalen Formatierung erkennen können.

7.3 Auf interne Dokumente verweisen

Möchten Sie es nicht bei einer Homepage belassen, sondern sich ein kleines Web mit mehreren Webseiten aufbauen, dann müssen Sie wissen, wie Sie in Ihrem internen Web von einem Dokument zum anderen verweisen können. Das gilt auch, wenn Sie einen Hyperlink zu einem Dokument im lokalen Web Ihrer Firma erstellen möchten, auf das Sie Zugriff haben.

In Ihrem internen Web sollten inhaltlich zusammengehörende Seiten auch untereinander verknüpft werden. Und auf jeder Seite sollte ein Hyperlink wieder zurück zur Homepage führen.

Lost in Hyperspace

Kennen Sie das auch? Sie surfen ganz vergnügt im Web, als Sie plötzlich gewahr werden, dass Sie weder wissen, wie Sie auf diese Webseite gekommen sind noch, wie Sie wieder zurückkommen. Sie haben sich sozusagen im Netz verirrt und verfangen. Wenn Sie nicht möchten, dass Ihren Besuchern so etwas passiert, dann sorgen Sie mit der entsprechenden Rückfahrkarte dafür, dass Ihr Verweis keine Einbahnstraße in die Sackgasse wird.

Um auf ein internes Dokument zu verweisen, brauchen Sie bei der Verknüpfung keine absolute URL angeben. Sie klicken einfach die geöffnete Datei an. Befindet sich das Dokument noch in Planung, auf das Sie verweisen, wird automatisch ein neues Dokument eingerichtet.

Im Folgenden möchte ich die drei Aufzählungspunkte in der Liste meiner Homepage ihren jeweiligen Seiten zuweisen. Die ersten beiden Seiten bestehen bereits, die dritte habe ich noch nicht eingerichtet.

7.3.1 Hyperlinks auf bestehende Dokumente

Existiert das Dokument bereits, auf das Sie verweisen möchten, dann machen Sie folgendes:

- ☑ Öffnen Sie die Datei, auf die verwiesen werden soll (z.B. Touren.htm).

- ☑ Wechseln Sie über das Menü FENSTER wieder zurück zu Ihrem ursprünglichen Dokument (z.B. Homepage.htm).

- ☑ Markieren Sie dort das Objekt, durch den der Verweis identifiziert werden soll (z.B. Reisetouren), und

- ☑ öffnen Sie das Dialogfeld HYPERLINK ERSTELLEN.

- ☑ Wählen Sie dann das Registerblatt GEÖFFNETE SEITEN.

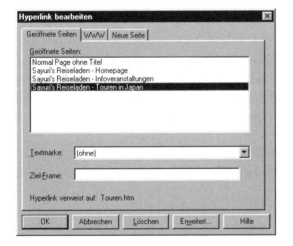

Bild 7.4:
Einen Hyperlink auf eine interne geöffnete Webseite einfügen

- ☑ Dort können Sie nun in der Gruppe GEÖFFNETE SEITEN das gewünschte Dokument anklicken (z.B. Sayuri's Reiseladen - Touren in Japan) und mit OK Ihre Wahl bestätigen.

Wurde das Dokument, auf das Sie verweisen, bislang noch nicht im Internet veröffentlicht, öffnet sich ein Fenster mit einem Warnhinweis und meldet HYPERLINK VON EINER WEBSEITE ZU EINER LOKALEN DATEI.

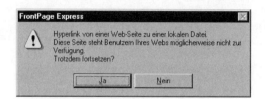

Bild 7.5:
Warnung zur Verhinderung eines Fauxpas

Wenn dieses Dokument zeitlich nicht vor Ihrem aktuellen ins Internet eingespeist werden soll, dann sollten Sie auf die Schaltfläche NEIN klicken. Denn was nützt dem Besucher ein Verweis, auf den er nicht zugreifen kann? Es schadet zudem Ihrer Glaubwürdigkeit.

Wenn dieses Dokument jedoch mit Ihrem neu erstellten zumindest zeitgleich im World Wide Web publiziert werden soll, dann klicken Sie getrost auf die Schaltfläche JA.

7.3.2   Hyperlinks auf neue Dokumente

Manchmal möchte man bereits einen Verweis auf ein Dokument einfügen, das erst noch in Planung, also noch gar nicht erstellt wurde. Kein Problem. Mit dem Einfügen des Hyperlinks auf eine neue Seite wird automatisch ein neues Dokument erzeugt.

- ☑ Markieren Sie den gewünschten Text (z.B. Kurzportrait im Inhaltsverzeichnis der Homepage), und

- ☑ öffnen Sie das Dialogfeld HYPERLINK ERSTELLEN.

- ☑ Wählen Sie dort das Registerblatt NEUE SEITE.

- ☑ Ändern Sie im Feld SEITENTITEL gegebenenfalls den Titel, den Sie Ihrem neu erstellten Dokument geben möchten (z.B. Sayuri's Reiseladen - Kurzportrait Japan).

☑ Möchten Sie den vorgeschlagenen Dateinamen des Dokuments im darunter liegenden Feld SEITEN-URL nicht übernehmen, dann ändern Sie auch ihn nach Ihren Wünschen ab (z.B. in `Kurzportrait.htm`).

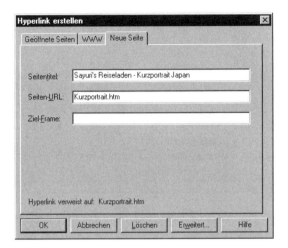

Bild 7.6:
Einen Hyperlink auf eine neue Seite einfügen

☑ Klicken Sie auf die Schaltfläche OK. Es öffnet sich das Dialogfeld NEUE SEITE. Bestätigen Sie auch hier mit OK.

Die Verweise werden im Editor von *FrontPage Express* in farbiger Schrift und unterstrichen dargestellt. Im Webbrowser des *Internet Explorer*s sind sie durch Unterstreichung optisch hervorgehoben.

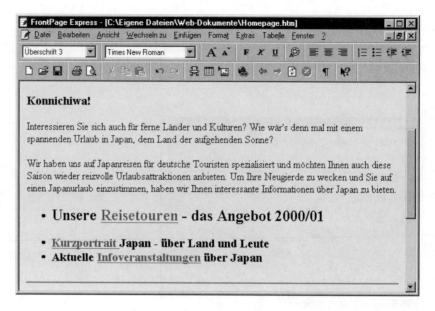

Bild 7.7:
Drei Hyperlinks auf der Homepage verweisen auf interne Dokumente

7.3.3 Auf eine bestimmte Stelle im Dokument verweisen

Klickt der Besucher auf einen Hyperlink, dann landet er in der Regel am Anfang des aufgerufenen Dokuments. Wie Sie nicht pauschal, sondern gezielt auf eine ganz bestimmte Stelle eines internen Dokuments verweisen können, wird in diesem Abschnitt erklärt.

So sammeln Sie beim Besucher Pluspunkte

Um dem Benutzer einer großen Webseite nicht zumuten zu müssen, mit der Bildlaufleiste nach den für ihn interessanten Stellen suchen zu müssen, sollten Sie ihm Hyperlinks anbieten, mit deren Hilfe er mühelos springend ans gewünschte Ziel kommen kann. Erstellen Sie benutzerfreundliche Webseiten und Hyperlinks!

Sie können sowohl innerhalb desselben Dokuments als auch in einem anderen, internen Dokument gezielt auf ganz bestimmte Stellen verweisen.

Eine bestimmte Stelle innerhalb desselben Dokuments anspringen

Wie bereits erwähnt, ist es mehr als fair, auf der ersten Bildschirmseite eine Art Inhaltsverzeichnis zu erstellen, wenn Ihr Dokument umfangreich ist. Der Benutzer kann dann auf einem Blick Ihre Themenbereiche erkennen. Haben Sie die entsprechenden Verweise gesetzt, kann er sich mit einem Klick zum gewünschten Thema hinbegeben. Dort könnten den Besucher dann weitere Navigationshilfen zu den anderen Themengebieten oder zurück zum Anfangspunkt geleiten.

Verweise innerhalb eines Dokuments sind sehr häufig verwendete Hyperlinks. Dazu wird zunächst eine Textmarke im Zieldokument definiert, damit der Browser auch weiß, welche Stelle er anspringen soll. Die Erstellung der Verweise mit Textmarken funktioniert so:

☑ Markieren Sie das Zielobjekt, auf das verwiesen werden soll (z.B. die Überschrift `Tolle Hyperlinks` am Ende des Dokuments).

☑ Klicken Sie im Menü BEARBEITEN auf die Option TEXTMARKE. Im gleichnamigen Dialogfeld (siehe Bild 7.8) steht im Feld NAME DER TEXTMARKE das von Ihnen markierte Objekt. Bei Bedarf können Sie den Namen ändern. Er kann durchaus Leerzeichen enthalten. Bestätigen Sie mit OK. Der als Textmarke definierte Text ist nun farbig gestrichelt unterstrichen.

Bild 7.8:
Eine Textmarke Tolle
Hyperlinks definieren

☑ Markieren Sie nun das Objekt, durch den der Hyperlink identifiziert werden soll (z.B. Listeneintrag Tolle Hyperlinks am Anfang des Dokuments), und

☑ öffnen Sie das Dialogfeld HYPERLINK ERSTELLEN. Das Registerblatt GEÖFFNETE SEITEN und die aktuelle Datei, mit der Sie zur Zeit arbeiten, ist bereits gewählt.

☑ Klicken Sie nun im Menü zum Feld TEXTMARKE die zuvor definierte Marke (z.B. Tolle Hyperlinks) und

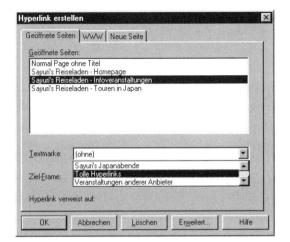

Bild 7.9:
Den gewünschten Eintrag im Dropdown-Menü zu Textmarke selektieren

☑ dann die Schaltfläche OK an.

☑ In unserem Beispiel verweist nun der Listeneintrag Tolle Hyperlinks auf den entsprechenden Abschnitt im Dokument. Im Editor von *FrontPage Express* erkennen Sie die Verknüpfung des Hyperlinks an eine Textpassage innerhalb einer Webseite an der farbigen Schrift und der einfachen Unterstreichung, während die definierte Textmarke gestrichelt unterstrichen ist. Letzteres allerdings nur, wenn die Schaltfläche ¶ ANZEIGEN/VERBERGEN aktiviert ist. Im Webbrowser bleiben für den Betrachter die Textmarken natürlich verborgen.

Bild 7.10:
Durch Unterstreichung
hervorgehobene
Hyperlinks im
Inhaltsverzeichnis

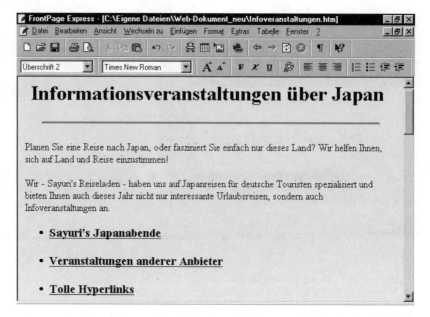

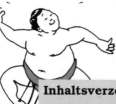

Inhaltsverzeichnis inkl. Hyperlinks ruck-zuck erstellen

Es gibt einen schönen und einfachen Trick, wie Sie sich auf die Schnelle ein Inhaltsverzeichnis mit eingebauten Verweisen basteln können. Markieren Sie eine Überschrift, die im Inhaltsverzeichnis aufgeführt werden soll, und ziehen Sie sie bei gehaltener rechter (!) Maustaste zur ersten Seite. Lassen Sie dort die Maustaste los, und wählen Sie im Kontextmenü HIER VERKNÜPFEN. Automatisch wird an dieser Stelle ein Hyperlink zur betreffenden Überschrift erstellt. Verfahren Sie mit den anderen Überschriften auch so, und Sie haben schnell ein Inhaltsverzeichnis erstellt.

Eine bestimmte Stelle eines internen Dokuments anspringen

Nicht nur innerhalb eines Dokuments kann auf bestimmte Stellen verwiesen werden. Sie können auch von Ihrer Webseite A auf eine bestimmte Stelle Ihrer Webseite B verweisen. Das ist fair, wenn Dokument B sehr umfangreich ist oder nur ein bestimmter Part des Dokuments für den Besucher inhaltlich interessant ist. Dann sollten Sie den Hyperlink mit der relevanten Stelle verknüpfen.

Auch hierbei wird zunächst eine Textmarke definiert. Der Vorgang ist ähnlich, nur dass Sie zwischen Ziel- und Ausgangsdokument hin und her springen müssen:

- Öffnen Sie das Zieldokument (Webseite B), und markieren Sie dort die Textstelle, auf die verwiesen werden soll.

- Klicken Sie im Menü BEARBEITEN die Option TEXTMARKE an.

- Wählen Sie das von Ihnen markierte Objekt im Feld NAME DER TEXTMARKE, und

- bestätigen Sie mit OK.

- Wechseln Sie nun zu Ihrem Ausgangsdokument (Webseite A) über das FENSTER-Menü oder dem Befehl WECHSELN ZU ♦ ZURÜCK.

- Markieren Sie dort das Objekt, mit dem der Verweis verknüpft werden soll, und

- öffnen Sie das Dialogfeld HYPERLINK ERSTELLEN. Das Registerblatt GEÖFFNETE SEITEN wird automatisch gewählt.

- Wählen Sie im Feld GEÖFFNETE SEITEN das Zieldokument, und

- im Klappmenü zu Feld TEXTMARKE die zuvor definierte Textmarke.

- Klicken Sie auf die Schaltfläche OK, fertig.

Das Ziel des Hyperlinks im Dokument A ist die Textmarke im Dokument B. Wird im Browser der Hyperlink durch Mausklick aktiviert, öffnet der Browser die entsprechende Datei und springt direkt zu der Position der Textmarke.

Kontrolle: Den Hyperlink sichten

Den Test, ob das Einfügen des Hyperlinks mit dem Verweis auf die Textmarke auch geklappt hat, können Sie direkt im *FrontPage Express*-Editor ausführen. Die Textmarke darf sich dabei auch in einem anderen geöffneten, internen Dokument befinden.

- ☑ Markieren Sie den Hyperlink, oder positionieren Sie einfach die Eingabemarke an einer beliebigen Stelle in dem Hyperlink.

- ☑ Wählen Sie im Menü EXTRAS die Option HYPERLINK SICHTEN.

Der Editor springt direkt zu der Stelle, die Sie als Textmarke definiert hatten.

Eine Textmarke aufsuchen

Möchten Sie eine bestimmte Textmarke in Ihrem aktuellen Dokument schnell aufsuchen, um sie beispielsweise zu ändern oder zu löschen, dann müssen Sie das nicht unbedingt über den Hyperlink machen.

- ☑ Wählen Sie im Menü zu BEARBEITEN die Eintragung TEXTMARKE, und

- ☑ wählen Sie in der Gruppe WEITERE TEXTMARKEN AUF DIESER SEITE die gewünschte Listeneintragung.

- ☑ Klicken Sie dann auf die Schaltfläche GEHE ZU, oder führen Sie auf dem Eintrag einen Doppelklick aus. Sie landen direkt auf der gewünschten Textmarke.

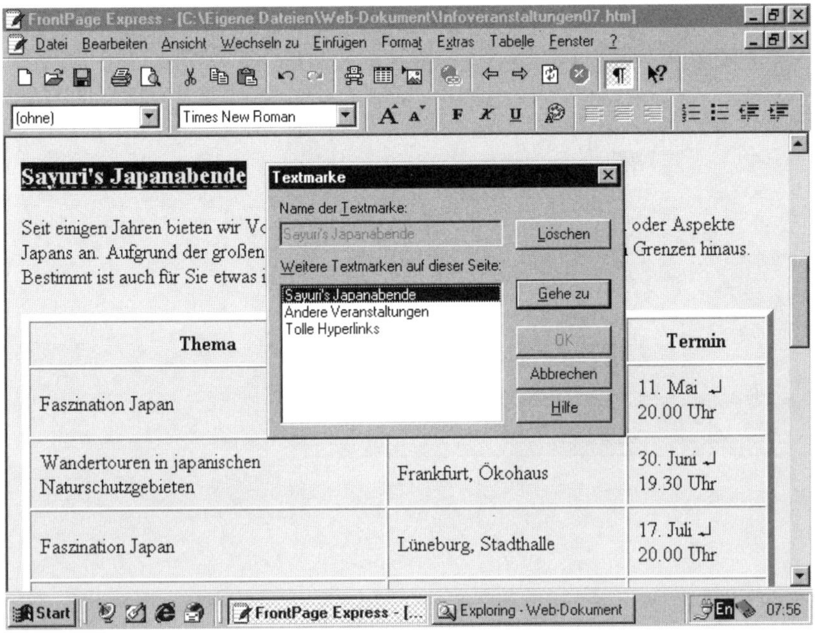

Bild 7.11:
Sich schnell zu einer
Textmarke bewegen

Um die Textmarke zu entfernen, klicken Sie einfach auf die Schaltfläche LÖSCHEN. Dabei wird lediglich die Definition als Textmarke gelöscht, nicht aber die Textstelle selbst.

7.4　Auf andere Internetdienste verweisen

Zu den Internetdiensten würde beispielsweise auch der Verweis auf die E-Mail-Adresse des Autors gehören, die wir in Kapitel 4 am Ende der Webseite eingefügt haben.

Um die verschiedenen Internetdienste in Anspruch zu nehmen, wählt man das entsprechende Kommunikationsprotokoll. Dieses wird im Dialogfeld HYPERLINK ERSTELLEN auf dem Registerblatt WWW im Dropdown-Menü HYPERLINK-TYP ausgewählt.

Bild 7.12:
Verschiedene
Protokolle
zur Auswahl

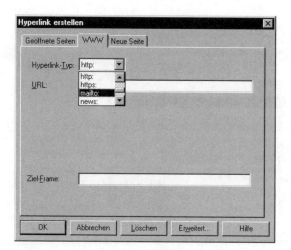

Was ist ein Protokoll?

Einfach ausgedrückt sind das einige Regeln, die festlegen, wie sich die Rechner beim Kommunizieren zu verhalten haben. Darum finde ich den Begriff Kommunikationsprotokoll auch ganz passend. Das Protokoll entscheidet also über die Art des Zugriffs auf Informationen und damit auch über die Art der Informationen selbst. Die Querverweise auf Internetdienste werden über jeweils verschiedene Protokolle realisiert.

Für das Einfügen von Hyperlinks zu Dokumenten im World Wide Web (Abschnitt 7.2) haben wir den Protokolltyp HTTP verwendet, der standardmäßig eingestellt ist. Das Hypertext Übertragungsprotokoll (**H**yper**T**ext **T**ransfer **P**rotocol) ist auch das am häufigsten benutzte Protokoll. Es ist ein Internetprotokoll für das World Wide Web. Doch das World Wide Web ist nur ein Teil des Internets und der Editor von *FrontPage Express* ermöglicht es, auch zu den anderen Ressourcen eine Verbindung aufzunehmen.

Welche anderen Kommunikationsprotokolle es außer HTTP für Internetdienste gibt und was man mit ihnen macht, soll im Folgenden kurz besprochen werden. Zur Gestaltung einer Webseite werden die meisten allerdings selten eingesetzt.

- FTP:// Das Dateiübertragungsprotokoll (**F**ile **T**ransfer **P**rotocol) definiert, wie Dateien über ein Netzwerk von einem Rechner auf den anderen übertragen werden. Wenn Sie beispielsweise eine Datei oder ein Programm von einem entfernten Server auf Ihr lokales System herunterladen (downloaden) möchten, dann wird das meistens von diesem Protokoll geregelt. Dabei baut der Webbrowser eine FTP-Verbindung zum Server auf. Sie können den Benutzern Ihrer Webseite jedoch nur Dateien zum Download anbieten, wenn auf Ihrem Webserver ein FTP-Server-Programm installiert ist.
- GOPHER:// Dieser Internetdienst ist der Vorfahre vom World Wide Web. Mit dem Gopher-Protokoll landet der Leser in diesem menügesteuerten System und kann auch dort nach Informationen im Internet fahnden. Die Informationen sind in Kategorien angegeben. Da Gopher jedoch keine Querverweise ermöglicht und optisch unattraktive Textdateien aufweist, befindet sich dieses System eher auf dem absterbenden Ast.
- MAILTO:// Erstellen Sie einen Verweis mit dem Hyperlink-Typ MAILTO, dann kann der Leser Ihnen auf komfortable Weise per E-Mail antworten. Bei Aktivierung dieses Hyperlinks öffnet sich ein an Sie adressiertes Mail-Formular, in dem der Leser seine Nachricht – Lob, Kritik, Anmerkungen zu Ihrer Webseite – hinterlässt. Haben Sie beim Eingeben Ihrer E-Mail-Adresse die Formatvorlage ADRESSE gewählt, dann selektiert *FrontPage Express* automatisch MAILTO.
- NEWS:// Dieses Kommunikationsprotokoll verwenden Sie, wenn Sie einen Verweis zu einer Newsgruppe setzen möchten. Die ca. 20000 existierenden Newsgruppen sind Diskussionsforen im Internet, die sich jeweils mit bestimmten Themen beschäftigen. Bei Aktivierung des Hyperlinks wird über einen News-Server ein Kontakt zur gewählten Newsgruppe erstellt. Der Inhalt der

Newsgruppe wird übertragen und in aufbearbeiteter Form auf dem Bildschirm des Lesers dargestellt.

☐ TELNET:// Telnet ist einer der ältesten Internetdienste. Dieses Protokoll erlaubt, sich auf einen entfernten Rechner einzuloggen. Dort kann dann der Benutzer beispielsweise auf Datenbanken zugreifen. Viele Bibliotheken stellen dem Leser mit diesem System ihre Online-Kataloge zur Verfügung.

Wenn Sie diese Hyperlink-Typen, FTP, GOPHER, MAILTO, NEWS oder TELNET, im Editor von *FrontPage Express* eintippen, werden sie automatisch in Hyperlinks umgewandelt, wie auch HTTP- bzw. www-Adressen (s. Abschnitt 7.2.3).

7.5 Einen Verweis sichten

Um zu testen, ob der von Ihnen erstellte Querverweis auch wirklich auf dem Ziel landet wie geplant, gibt es auch im Editor die Möglichkeit, den Hyperlink zu aktivieren. Das geht vor allem sehr schnell, wenn Sie einen Verweis innerhalb Ihres Dokuments ausprobieren möchten. Soll ein Querverweis auf einer Seite auf einem anderen Server gesichtet werden, müssen Sie sich online begeben, das heißt, Sie müssen erst eine Internetverbindung aufbauen. Nur so kann der Editor das gewünschte externe Webdokument suchen und öffnen.

Um einen Hyperlink vom Editor aus zu sichten, machen Sie Folgendes:

☑ Klicken Sie mit der rechten Maustaste auf eine Stelle des Textes, durch den der Hyperlink identifiziert wird, und

☑ wählen Sie im Kontextmenü die Eintragung HYPERLINK SICHTEN.

Die Bildschirmanzeige springt nun zur gewünschten Stelle in Ihrem oder einem anderen geöffneten Dokument bzw. fordert Sie auf, eine Netzwerkverbindung aufzubauen.

7.6 Einen Verweis löschen

Bei der routinemäßigen Überprüfung Ihrer Webdokumente stellen Sie fest, dass eine Webseite, auf die Sie verweisen, gar nicht mehr existiert. Natürlich müssen Sie den von Ihnen gesetzten Querverweis sofort entfernen. Denn sonst landet der Besucher in der Sackgasse, und Sie verlieren an Glaubwürdigkeit.

☑ Klicken Sie auf den Text, an den Sie den Verweis geknüpft haben.

☑ Wählen Sie nun BEARBEITEN • HYPERLINK LÖSCHEN.

Im Eingabefeld des Editors ist der von Ihnen markierte Text nicht gelöscht worden, lediglich der Verweis wurde entfernt, der an dieses Objekt verknüpft war. Das erkennen Sie auch an der Zeichenformatierung. Der anders gefärbte, unterstrichene Text ist nun normal formatiert.

Alternativ können Sie auch nach Markierung des Hyperlink-Textes den Verweis im Dialogfeld HYPERLINK BEARBEITEN löschen. Das Dialogfeld öffnen Sie beispielsweise über [alt]+[↵] oder die Option HYPERLINK-EIGENSCHAFTEN im Kontextmenü.

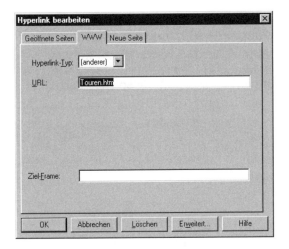

Bild 7.13:
Hyperlinks bearbeiten

Sicherlich ist Ihnen aufgefallen, dass das Dialogfeld HYPERLINK BEARBEITEN genau die gleichen Registerblätter und Felder aufweist, wie HYPERLINK ERSTELLEN. Haben Sie einen Hyperlink-Text markiert, wird immer das Dialogfeld HYPERLINK BEARBEITEN geöffnet, egal ob Sie den HYPERLINK-Befehl über das Menü BEARBEITEN, EINFÜGEN oder über das Kontextmenü geben.

7.7 Und wie sieht das in HTML aus?

Egal, wohin die Hyperlinks verweisen, ob zu einer externen oder internen Datei, sie sind in HTML alle gleich aufgebaut:

`<A HREF="...">Verweistext</A>`

Alle Verweise beginnen mit dem einleitenden Tag `<A HREF="...">` und enden mit dem abschließenden Tag `</A>`. Das A steht für anchor und heißt Anker. HREF ist die Abkürzung für hypertext reference und bedeutet Verweis auf einen Hypertext.

Im ersten Tag wird das Ziel des Verweises in Anführungsstrichen eingeschlossen aufgeführt ("..."). Das Ziel kann zum Beispiel eine Datei oder ein Abschnitt Ihres Dokuments sein. In letztem Fall wird das Ziel als Textmarke definiert.

Danach steht der Text, den Sie markiert haben, bevor Sie das Dialogfeld HYPERLINK ERSTELLEN geöffnet haben. Sie haben den Verweis mit dem Verweistext verknüpft. Diesen ausgewiesenen Verweistext sollen die Leser anklicken, um zum Ziel verwiesen zu werden.

Sehen wir uns doch einmal anhand von Beispielen den HTML-Quelltext für Hyperlinks auf externe und interne Dokumente an. Ihre Unterschiede liegen ausschließlich beim "Ziel".

7.7.1 Externe Verweise

Haben Sie einen externen Verweis erstellt, dann mußten Sie auf dem Registerblatt WWW des Dialogfelds HYPERLINK ERSTELLEN die Internetadresse Ihres Ziels in das Feld URL eintippen. In unserem Beispiel wurde auf einer Seite unter Tolle Hyperlinks auf Internetadressen japanischer Organisationen verwiesen.

```
<A HREF="http://www.jinjapan.org/index.html">
   <STRONG>Japan Information Network</STRONG>
</A>
```

Der Verweistext *Japan Information Network* zeigt auf ein externes Dokument im World Wide Web. Ein Mausklick auf den Verweistext im Browser würde die Datei `http://www.jinjapan.org/index.html` im Internet aufrufen. Diese Datei ist das Ziel.

7.7.2 Interne Verweise

Interne Hyperlinks verweisen auf Dokumente, auf die Sie intern Zugriff haben. Also alle Dateien Ihres eigenen Webs oder eventuell das Ihrer Firma.

Zur Erstellung eines internen Verweises mussten Sie keine URL eingeben. Sie wählten das Registerblatt GEÖFFNETE SEITE und klickten die gewünschte Datei an, oder Sie wählten das Registerblatt NEUE SEITE, wenn das Zieldokument noch nicht existierte und erst erstellt werden musste.

In unserem Beispiel verweisen wir auf der Homepage auf drei weitere Seiten unseres internen Webs. Beim ersten Verweis wurde von der Aufzählung *Unsere Reisetouren - das Angebot 2000/2001* der Verweis mit dem Wort *Reisetouren* verknüpft.

```
<FONT COLOR="#000000" SIZE="5">
   <STRONG>Unsere</STRONG>
</FONT>
<A HREF="Touren.htm">
   <FONT COLOR="#000000" SIZE="5">
      <STRONG>Reisetouren</STRONG>
   </FONT>
</A>
<FONT COLOR="#000000" SIZE="5">
   <STRONG> - das Angebot 2000/2001</STRONG>
</FONT>
```

Da sich das verweisende Wort in der Mitte der Zeile befindet, wird der Satz im Quelltext quasi in drei Abschnitte zerlegt. Für uns interessant ist nur der mittlere Abschnitt `<A HREF="Touren.htm">`*Reisetouren*`</A>`. Wird das Wort `Reisetouren` aktiviert, dann öffnet der Browser die interne Datei `Touren.htm` und springt an den Anfang dieses Dokuments.

7.7.3 Verweise auf eine bestimmte Stelle

Mit Hilfe dieser Verweise kann der Leser gezielt den Punkt seines Interesses anspringen, ohne erst lange im Dokument herum blättern zu müssen. Das Verweisziel kann sich sowohl im selben Dokument als auch in einem anderen internen Dokument befinden. Um den Verweis auf die Stelle setzen zu können, mußten Sie sie zuvor als Textmarke definieren. An dieser Stelle wurde sozusagen ein Anker gesetzt.

Innerhalb des Dokuments

```
<A HREF="#Andere Veranstaltungen">
   <FONT COLOR="#000000" SIZE="4">
      <STRONG>Veranstaltungen anderer Anbieter</STRONG>
   </FONT>
</A>
```

Im oben aufgeführten Beispiel verweisen wir mit der Textpassage `Veranstaltung anderer Anbieter`, die im Inhaltsverzeichnis zu Beginn der Seite steht, auf das Verweisziel `Andere Veranstaltungen` im unteren Teil des Dokuments. Vor dem Ziel steht im Quelltext ein Gitter (`"#Andere Veranstaltungen"`). Das Ziel wurde als Textmarke definiert und damit verankert.

Auf ein anderes internes Dokument

Verweisen Sie von Dokument A auf einen Anker in Dokument B, dann steht im HTML-Quelltext neben der verankerten Stelle zusätzlich der Dateiname als Ziel.

`<A HREF="Datei.htm#verankerte Stelle">`*Verweistext*`</A>`

7.7.4 Verweis auf andere Internetdienste

Neben http:/ können Sie im Dialogfeld HYPERLINK ERSTELLEN auf der Registerkarte WWW noch andere Hyperlink-Typen im Dropdown-Menü selektieren. Sie können beispielsweise einen Verweis zu einer Gopher- oder FTP-Adresse setzen. In HTML-Ansicht würde das dann so aussehen:

```
<A HREF="Gopher://...">Verweistext</A>
<A HREF="ftp://...">Verweistext</A>
```

Ein häufig verwendeter und wichtiger Hyperlink-Typ ist MAILTO. Damit setzen Sie einen Verweis zu einer E-Mail-Adresse. Klickt der Leser auf diesen Verweis, kann er Ihnen eine Mail senden.

Wir hatten uns den Quelltext schon kurz einmal in Kapitel 4 angesehen, als es um die Adresse ging. Unter den Kontaktinformationen steht eine E-Mail-Adresse, die sich sofort nach dem Eintippen selbst zum Verweis formatierte und optisch hervorgehoben wurde. Entsprechend ist der Verweistext und der Quelltext des Ziels identisch.

```
<A HREF="mailto:Sayuris_Reiseladen@campserve.de">
   <FONT COLOR="#000000">Sayuris_Reiseladen@campserve.de
   </FONT>
</A>
```

8 Die hilfreichen Assistenten

Ehrlicherweise muss ich Ihnen spätestens an dieser Stelle gestehen, dass *FrontPage Express* für Webseiten verschiedener Bereiche Dokumentvorlagen bereitstellt beziehungsweise mit Assistenten aufwarten kann, die Ihnen bei der Erstellung der Webseite unter die Arme greifen. Damit können Sie viel Zeit sparen, denn viele Formatierungen werden Ihnen gleich abgenommen.

Trotzdem war das, was Sie bis hierhin gelernt haben, natürlich nicht umsonst. Die Dokumentvorlagen liefern Ihnen schnell und problemlos Anfangslösungen, die dann aber noch verfeinert und an Ihre speziellen Bedürfnisse angepasst werden müssen. Da Sie die Grundlagen jetzt kennen, wird dies kein Problem für Sie sein.

Wenn Sie es ab jetzt etwas bequemer haben wollen, dann wählen Sie einfach eine Dokumentvorlage oder einen Assistenten, der Ihnen bei der Erstellung einer Vorlage hilft. Und das geht so:

Wählen Sie in *FrontPage Express* DATEI ♦ NEU, oder tippen Sie , dann öffnet sich das Dialogfeld NEUE SEITE. Hier können Sie entscheiden, welche Dokumentvorlage bzw. welchen Assistenten Sie für Ihre Webseite verwenden möchten.

Bild 8.1:
Welche Art von Webseite möchten Sie erstellen?

Doch hier gleich ein Hinweis, der Ihre eventuell optimistischen Höhenflüge etwas dämpfen wird: Manche Vorlagen sind ziemlich speziell, und die Bezeichnungen und beschreibenden Erklärungen sind zum Teil in englischer Sprache. Diese Vorlagen bilden lediglich einen Ausgangspunkt für Ihre Webseite, die Sie nach deren Erstellung bearbeiten müssen. Auch das macht Arbeit.

Zunächst sollen in diesem Kapitel die verschiedenen Dokumentvorlagen oder Assistenten vorgestellt werden. Im letzten Abschnitt erfahren Sie, wie Sie diese Hilfsmittel für sich nutzen und umändern können, um sie an Ihre Ansprüche anzupassen.

8.1 Die Standardseite

- Die erste Eintragung in diesem Dialogfeld ist die Standardseite (NORMALE SEITE). Wählen Sie diese Option, erhalten Sie eine völlig leere Seite. Es ist der Seitentyp, der Sie begrüßt, wenn Sie *FrontPage Express* gestartet haben. Sie können eine neue Standardseite auch über die Schaltfläche NEU auf der Standard-Symbolleiste aufrufen.

Mit diesem Seitentyp haben wir bis jetzt gearbeitet. Sie müssen die Seite selbständig gestalten. Ich bevorzuge meist die NORMALE SEITE gegenüber den anderen Dokumentvorlagen, da man sich hier am Besten entfalten kann und nicht von vorgefertigten Bausteinen in seiner Fantasie eingeschränkt wird (das World Wide Web lebt von Kreativität und Individualismus!). Aber zu Beginn können diese Bausteine doch ganz hilfreich sein, und deshalb sehen wir uns erst einmal die anderen Dokumentvorlagen an.

8.2 Der Homepage Assistent

Mit Hilfe des ASSISTENTEN FÜR PERSÖNLICHE HOMEPAGE können Sie Ihre persönliche Webseite erstellen. Wählen Sie aus einer Liste, welche Bereiche Ihre Seite aufweisen soll.

Bild 8.2:
Aus welchen Komponenten soll sich Ihre persönliche Homepage zusammensetzen?

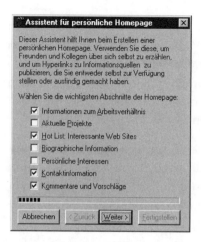

Möchten Sie den Lesern über Ihre aktuellen Projekte berichten, ihnen eine Hotlist mit Ihren favorisierten Links anbieten und Platz für Kommentare und Vorschläge der Benutzer lassen? Aktivieren beziehungsweise deaktivieren Sie per Mausklick die entsprechenden Kontrollkästchen.

Bild 8.3:
Wie sollen Datei und Seitentitel heißen?

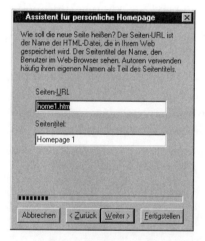

Im zweiten Dialogfeld des Homepage-Assistenten geben Sie an, wie die HTML-Datei und der Seitentitel Ihrer Homepage benannt werden sollen. Da der Seitentitel beim Besucher auf der Titelzeile des Anzeigefensters des Browsers, auf Listen, in Suchmaschinen etc. auftaucht, ist die Wahl seines Namens sehr wichtig.

Im Folgenden werden Sie nun über Einzelheiten zu den jeweiligen Abschnitten abgefragt, die Sie im ersten Dialogfeld des Homepage-Assistenten selektiert haben. Beispielsweise, welche Angaben Sie in Ihrem Adressblock machen möchten oder welche Projekte Sie zur Zeit bearbeiten. Die Eintragungen in Eingabefelder, zum Beispiel über Ihre persönlichen Interessen, können Sie auch alle noch später nachholen.

Wo diese Antworten landen sollen, legen Sie in folgendem Dialogfeld fest.

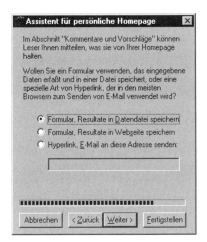

Bild 8.4:
Wo sollen die Ergebnisdaten gespeichert werden?

Die Ergebnisdaten können für Sie zum Beispiel in einer separaten Datenbankdatei im Textformat als ASCII-Text gespeichert werden. Diese Dateien tragen die Dateinamenerweiterung *.txt und können von Ihnen in einem entsprechenden Textverarbeitungsprogramm aufgerufen und eingesehen werden. Und sie können mühelos in eine Datenbank übernommen werden.

Wählen Sie die zweite Möglichkeit, FORMULAR, RESULTATE IN WEBSEITE SPEICHERN, werden die Antwortdaten in einer HTML-Datei im Webseitenformat abgelegt und landen auf einer Ergebnisseite im Web. Sie können sie mit Hilfe des *Internet Explorer Browsers* aufrufen.

Als dritte Option bietet der Assistent an, Ihnen die Antworten per E-Mail zuzuschicken. Dabei wird in der Vorlage ein Hyperlink formatiert, der bei Aktivierung die Anmerkungen zu Ihrer angegebenen E-Mail-Adresse sendet.

Mit der Schaltfläche ZURÜCK können Sie jederzeit zu vorhergehenden Dialogfeldern wechseln, um etwa Änderungen vorzunehmen. Zum Schluss wählen Sie, in welcher Reihenfolge Sie die von Ihnen selektierten Komponenten aufgeführt wissen möchten (siehe Bild 8.5). Klicken Sie den Eintrag im Feld HOMEPAGE-ABSCHNITTE an, den Sie verschieben möchten, und betätigen Sie die Schaltfläche NACH OBEN beziehungsweise NACH UNTEN.

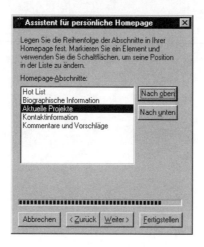

Bild 8.5:
Die Reihenfolge der Komponenten festlegen

Klicken Sie auf FERTIGSTELLEN, und die Vorlage erscheint auf Ihrem Bildschirm. Der Assistent erstellt automatisch ein Inhaltsverzeichnis. Eine vom Assistenten fertiggestellte Vorlage für die Homepage könnte dann wie in Bild 8.6 aussehen.

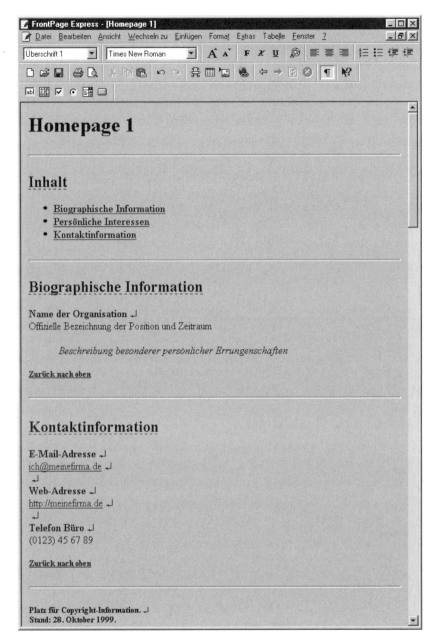

Bild 8.6:
Eine nach den Wünschen des Autors erstellte Vorlage für die persönliche Webseite

8.3 Das Bestätigungsformular

Diese Dokumentvorlage könnte man nutzen, wenn man ein Formular für eine Empfangsbestätigung benötigt. Zum Beispiel für Internetleser, die eine Bestellung bei Ihnen getätigt haben. Mit Hilfe des vorgefassten Bestätigungsformulars kann man sich gleichzeitig die Adresse des Lesers bestätigen lassen.

Den Vorlagetext kann man für allgemeine Zwecke nutzen, er ist jedoch in Englisch geschrieben. Sie können den Text natürlich übersetzen und beliebig ändern und anpassen. Diese Vorlage ist vor allem wegen ihrer WebBot-Komponenten von Nutzen. (Näheres über WebBot-Komponenten erfahren Sie in Kapitel 10.)

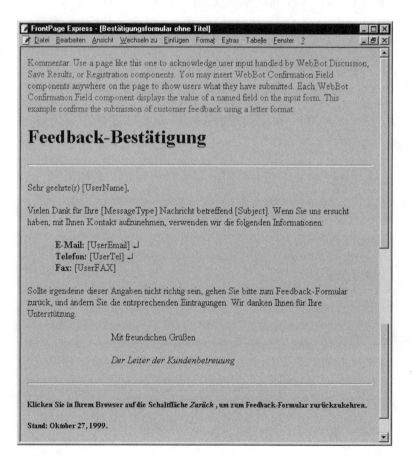

Bild 8.7:
Beispielsweise den Erhalt einer Bestellung bestätigen

8.4 Der Formularseiten-Assistent

An vierter Stelle in der Liste des Dialogfeldes Neue Seite steht der Formularseiten-Assistent, der Zauberer für Formularseiten. Dieser Assistent hilft Ihnen bei der Erstellung eines Formulars und ist einer der nützlichsten. Er zaubert Ihnen mit wenig Aufwand ein Abfrageformular Ihrer Wahl.

Sie können zwischen verschiedenen Eingabetypen wählen. So können Sie zum Beispiel für den Benutzer Bestellformulare anbieten und Konto- und Adressinformationen abfragen. Die fertigen Formulare weisen Kontrollkästchen und Optionsfelder zum Anklicken, Dropdown-Menüs zum Auswählen, Eingabefelder zum Ausfüllen und andere Formularfelder auf.

Rufen Sie den Formularseiten-Assistenten doch einfach auf, und blättern Sie durch die Dialogfelder, um erst einmal einen kleinen Eindruck von diesem Assistenten zu bekommen. Hier sind die Erläuterungen und Anweisungen in den Dialogfeldern in Deutsch.

Ignorieren Sie zunächst die Aufforderung, einen Dateinamen und Titel anzugeben (das machen Sie dann, wenn's ernst wird), und klicken Sie einfach auf Weiter. Solange Sie nicht auf die Schaltfläche Fertigstellen klicken, ist alles unverbindlich.

8.4.1 Die verschiedenen Eingabetypen

Klicken Sie im dritten Dialogfeld auf die Schaltfläche Hinzufügen, und es erscheint ein Dialogfeld, in dem Sie sich im oberen Feld die verschiedenen Eingabetypen für die Fragen ansehen können.

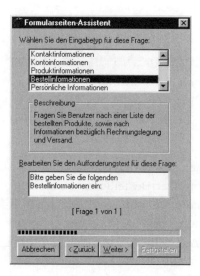

Bild 8.8:
Den Eingabetyp wählen

Im Feld BESCHREIBUNG erhalten Sie Informationen über den selektierten Eingabetyp. Im unteren Feld können Sie mit der Maus an eine beliebige Stelle klicken, um den vorgeschlagenen Text zu modifizieren.

Die Informations-Eingabetypen

Wählen Sie doch einmal eine der ersten fünf Optionen aus, und klicken auf WEITER. In dem jeweils folgenden Dialogfeld können Sie festlegen, welche der vorgeschlagenen Informationen vom Benutzer abgefragt werden sollen.

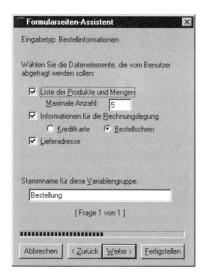 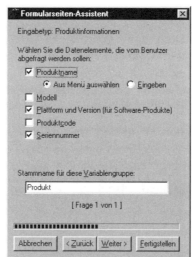

Bild 8.9:
Welche Bestell- bzw. Produktinformationen hätten Sie gerne vom Benutzer?

Haben Sie den Eingabetyp BESTELLINFORMATIONEN gewählt, dann legen Sie im Dialogfeld (siehe Bild 8.9 links) fest, nach was der Kunde gefragt wird. Klicken Sie beispielsweise auf das Kontrollkästchen LIEFERADRESSE, dann wird der Assistent angewiesen, im Formular Texteingabefelder für die Lieferadresse zu erstellen. Soll eine Option im Bestellformular nicht abgefragt werden, dann deaktivieren Sie das entsprechende Kontrollkästchen.

Im Dialogfeld zu PRODUKTINFORMATIONEN (siehe Bild 8.9 rechts) wird der Assistent angewiesen, ein Formular zu erstellen, in dem der Benutzer in einem Auswahlmenü das gewünschte Produkt selektieren kann und aufgefordert wird, Version und Seriennummer des Produkts anzugeben.

Großzügig sein

Wählen Sie in den auszufüllenden Dialogfeldern eher etwas zu viel als zu wenig aus. In der später erstellten Vorlage können Sie schneller einen Punkt löschen, den Sie doch nicht benötigen, als einen dazu schreiben.

Im nächsten Bild sehen Sie die Dialogfelder zu KONTAKTINFORMATIONEN und zu PERSÖNLICHE INFORMATIONEN mit ihren vielen Einstellungsmöglichkeiten, vom TITEL bis zur AUGENFARBE.

Bild 8.10:
Welche Kontakt- oder persönliche Informationen möchten Sie vom Benutzer erfragen?

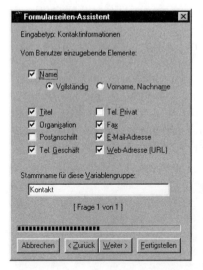 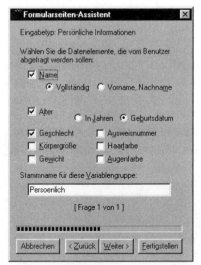

Unten im Feld STAMMNAME FÜR DIESE VARIABLENGRUPPE müssen Sie bei den ersten fünf Eingabetypen nichts eingeben oder ändern. Die Bezeichnungen helfen dem Assistenten beim Strukturieren des Formulars.

Wenn Sie glauben, alle Kontrollkästchen und Optionsfelder richtig selektiert zu haben, gelangen Sie mit WEITER zum nächsten Dialogfeld (siehe Bild 8.11). Dort werden Ihre gewählten Fragen aufgelistet. Für das Formular können Sie nämlich mehrere Eingabetypen hintereinander wählen. Klicken Sie auf die Schaltfläche HINZUFÜGEN, landen Sie wieder im Dialogfeld, in dem Sie einen weiteren Eingabetyp selektieren können.

Bild 8.11:
Mehrere Eingabetypen gewählt

Unter mehreren Optionen auswählen

Sehen wir uns jetzt einmal die anderen Eingabetypen an. Der sechste Eintrag in der Liste ist EINE VON MEHREREN OPTIONEN. Hier geben Sie im Dialogfeld zu diesem Eingabetyp (siehe Bild 8.12) in dem Textfeld zwei oder mehrere Möglichkeiten ein, unter denen der Benutzer eine auswählen soll. Wählen Sie auch, auf welchem Weg er die Option auswählen soll: in einem DROPDOWN-Menü, OPTIONSFELD oder in einer LISTE.

Bild 8.12:
Den Benutzer unter verschiedenen Optionen eine auswählen lassen

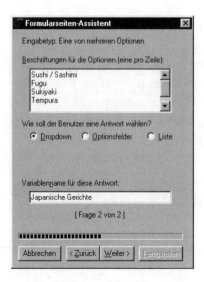

Bis auf die fünf ersten Eingabetypen müssen Sie jeweils den Antworten einen Variablennamen geben, um ins nächste oder vorhergehende Dialogfeld zu gelangen. Im oben gezeigten Beispiel könnten Sie beispielsweise das Kürzel A2 vergeben, da es sich um die zweite Antwort handelt. Sie können auch einen beschreibenden Namen eingeben (Japanische Gerichte).

Im Eingabetyp MEHRFACHWAHL AUS EINER GRUPPE VON OPTIONEN darf der Benutzer mehr als nur eine Option per Mausklick auf Kontrollkästchen auswählen.

Bild 8.13:
Mehrere Möglichkeiten zur Auswahl

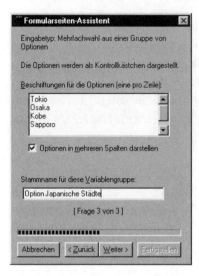

Boolesch-Fragen

Dieser Typ von Fragen fordert den Benutzer auf, mit Ja oder Nein beziehungsweise mit Wahr oder Falsch zu antworten. Tippen Sie die Frage in das Eingabefeld, und entscheiden Sie im nächsten Dialogfeld, ob die Antwort per Mausklick auf ein Kontrollkästchen oder mit WAHR/FALSCH beziehungsweise JA/NEIN beantwortet werden soll. Möchten Sie mehrere Boolesch-Fragen stellen, wiederholen Sie den Vorgang beliebig oft.

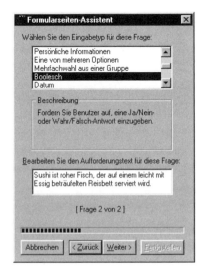

Bild 8.14:
Entweder - oder

Den Benutzer zur Eingabe von Zahlen oder Kommentaren auffordern

Bei den restlichen Eingabetypen wird der Benutzer um folgende Angaben gebeten:

- DATUM: Der Benutzer wird aufgefordert, ein Datum einzugeben, zum Beispiel Gültigkeitsdauer der Kreditkarte. Sie legen das Format fest: `TT.MM.JJ;` `JJ-MM-TT` oder ein `Beliebiges Format`.
- UHRZEIT: Es wird um die Angabe einer Uhrzeit gebeten, beispielsweise gewünschte Lieferzeit. Unter den Eingabemodi `hh:mm:ss - 24-Stunden-Format`, `hh:mm:ss - am/pm` oder `Beliebiges Format` können Sie wählen.

☐ BEREICH: Hier geht es um Meinungsbewertung. Der Benutzer wird gefragt, wie er ein Produkt oder einen Sachverhalt findet. Für seine Einschätzung stehen ihm fünf Skalen zur Verfügung. Die von Ihnen gestellte Frage muss sich natürlich auf das Antwortschema beziehen. Hier wählen Sie zwischen `Auf einer Skala von 1 bis 5`, `Von „Unzureichend" bis „sehr gut"` beziehungsweise `Von „Lehne völlig ab" bis „Stimme völlig zu"`. Zusätzlich können Sie entscheiden, ob Sie eine Vorgabe im mittleren Bereichssegment möchten, und ob Sie das Dropdown-Menü den Optionsfeldern vorziehen.

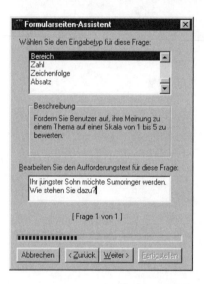

Bild 8.15:
Meinungsumfrage:
„Lehne völlig ab" –
„Stimme völlig zu"

☐ ZAHL: Bei diesem Eingabetyp wird der Benutzer um die Angabe einer Zahl gebeten, die er in ein Eingabefeld eintippt. Das kann zum Beispiel eine Mengenangabe oder eine Preisvorstellung sein. Sie können wählen, ob und welches Währungssymbol hinter dem Eingabefeld stehen soll, und ob die Länge des Eingabefeldes unbegrenzt oder begrenzt sein soll (Werteingabe zwischen 1 und 10).

☐ ZEICHENFOLGE: Hier soll der Benutzer Text oder Zahlen in ein vorgesehenes Textfeld innerhalb eines Satzes eingeben, sozusagen einen Lückentext ausfüllen. Die Länge des Textfeldes können Sie zwischen einem und 255 Zeichen begrenzen oder unbegrenzt lassen.

☐ ABSATZ: Auch bei diesem Eingabetyp ist eine Meinung gefragt. Dem Benutzer wird ein unbegrenzt großes Textfeld mit Bildlaufleiste angeboten, in dem er seine Meinung als Text formuliert niederschreiben kann.

8.4.2 Das Finale des Formularseiten-Assistenten

Haben Sie alle gewünschten Eingabetypen gewählt und die entsprechenden Entscheidungen getroffen, können Sie Fragen noch nachträglich ändern und Eintragungen in der Liste bearbeiten (siehe Bild 8.11).

Die Liste bearbeiten

Möchten Sie eine bestimmte Frage nachträglich bearbeiten, dann markieren Sie die entsprechende Frage in der Liste und klicken Sie auf die Schaltfläche ÄNDERN. Der Cursor landet in dem Feld, in dem Sie Ihre Frage formuliert hatten (siehe z.B. Bild 8.15). Verbessern Sie den Text, oder klicken Sie auf WEITER, um eventuelle Einstellungen bezüglich dieser Frage zu ändern.

Um einen Listeneintrag zu löschen, markieren Sie ihn und klicken auf die Schaltfläche ENTFERNEN. Achtung: Wenn Sie auf LISTE LÖSCHEN klicken, wird die gesamte Liste entfernt!

Sie können auch die Reihenfolge der Listeneinträge verändern. Markieren Sie den entsprechenden Eintrag, und platzieren Sie ihn mit Hilfe der Schaltflächen NACH OBEN beziehungsweise NACH UNTEN an die gewünschte Stelle.

Präsentationsstil festlegen

Sind Sie mit allen Einstellungen zufrieden, geht es mit WEITER zum nächsten Dialogfeld (siehe Bild 8.16). Hier können Sie unter verschiedenen Präsentationsoptionen wählen: Ob die Fragen als Liste mit Nummern, mit oder ohne Aufzählungszeichen oder schlicht als Standardabsätze ausgegeben werden sollen. Ob das Formular mit oder ohne Inhaltsverzeichnis gewünscht wird, und ob die Liste mit Hilfe von Tabellen strukturiert werden soll.

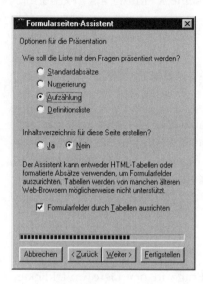

Bild 8.16:
Wie möchten Sie die Fragen präsentieren?

Wohin mit den Antworten?

Wenn Sie nun das erstellte Formular veröffentlichen und Antworten fleißiger und williger Benutzer erhalten, wo landen nun die ganzen Daten? Was mit den Antwortdaten passieren soll, legen Sie im nächsten Dialogfeld fest.

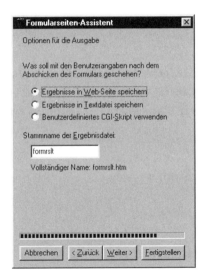

Bild 8.17:
Wohin mit den Daten?

Die Benutzerangaben können wahlweise in einer Webseite, in einer Textdatei oder in einem CGI-Skript gespeichert werden.

Entscheiden Sie sich für die erste Möglichkeit, werden die Ergebnisdaten in einer HTML-Datei im Web abgelegt, die Sie vom *Internet Explorer Browser* aufrufen können. Die Daten werden in einer extra angelegten Ergebnisseite abgelegt.

Lassen Sie die Benutzerdaten in einer Textdatei ablegen, werden die Ergebnisse als ASCII-Text abgespeichert, und eine Datei mit der Dateinamenserweiterung *.txt wird angelegt. Die Datei können Sie in einem entsprechenden Textverarbeitungsprogramm, wie zum Beispiel *WordPad* einsehen. Diese Option ist empfehlenswert, wenn die Daten beispielsweise in ein Tabellenkalkulationsprogramm oder eine Datenbank übernommen werden sollen.

Nur wenn ein von Ihnen geschriebenes CGI-Skript vorliegt, können Sie den Formularseiten-Assistenten die Anweisung BENUTZERDEFINIERTES CGI-SKRIPT VERWENDEN geben. Dann landen die vom Benutzer abgesendeten Daten erst einmal auf dem Server und werden dort verarbeitet. Dieser Ablauf wird durch die Allgemeine Vermittlungsrechner-Schnittstelle (=Common Gateway Interface =CGI) geregelt. Diese Schnittstelle steht Ihnen jedoch in der Regel bei den preisgünstigen Massenanbietern wie T-Online, CompuServe oder AOL nicht so ohne weiteres zur Verfügung. (Über das CGI-Skript erfahren Sie mehr in Kapitel 10.)

Haben Sie entschieden, was mit den Ergebnissen geschehen soll, geben Sie unten im Feld STAMMNAME DER ERGEBNISDATEI den Dateinamen ein, unter dem Sie die Daten abspeichern möchten. Die Dateinamenserweiterung *.htm, *.txt beziehungsweise *.cgi wird automatisch angehängt.

Ein Mausklick auf WEITER und dann auf FERTIGSTELLEN führt Sie zum Ziel – fast jedenfalls.

8.4.3 Der Formularseiten-Rohling

Und so könnte dann nach dem Mausklick auf die Schaltfläche FERTIGSTELLEN die vom Assistenten erstellte Formularvorlage aussehen (siehe Bild 8.18):

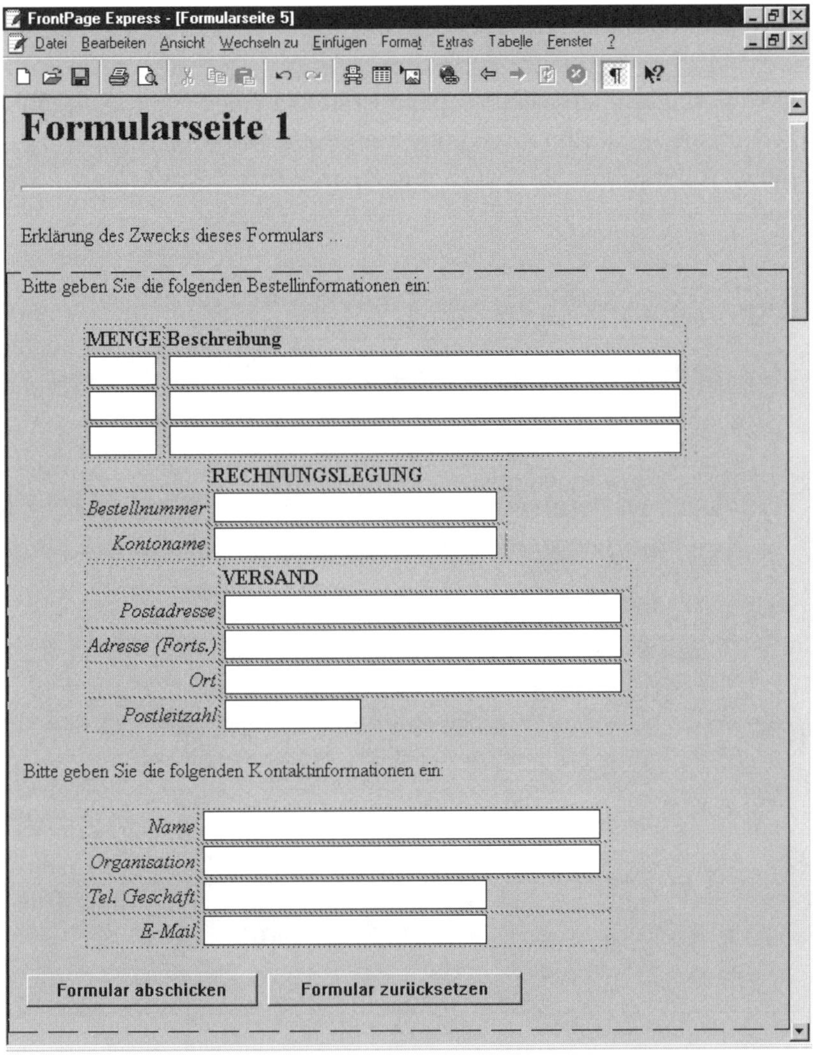

Bild 8.18:
Ausgangsvorlage für ein Bestellformular

Diese Vorlage würden Sie nun im weiteren Schritt bearbeiten und nach Ihren Wünschen verändern. Wie, das erklärt Kapitel 8.6 („Die Vorlage an Ihre Bedürfnisse anpassen") und 10.2 („Formulare erstellen").

8.5 Der Umfragebogen

Diese Vorlage unterstützt Sie beim Erstellen eines Umfragebogens. Die Vorlage ist in drei Abschnitte unterteilt. Die vorgegebenen Beispieltexte überschreiben Sie einfach mit Ihren Erklärungen zur Umfrage sowie mit Ihren Fragen und Anleitungen.

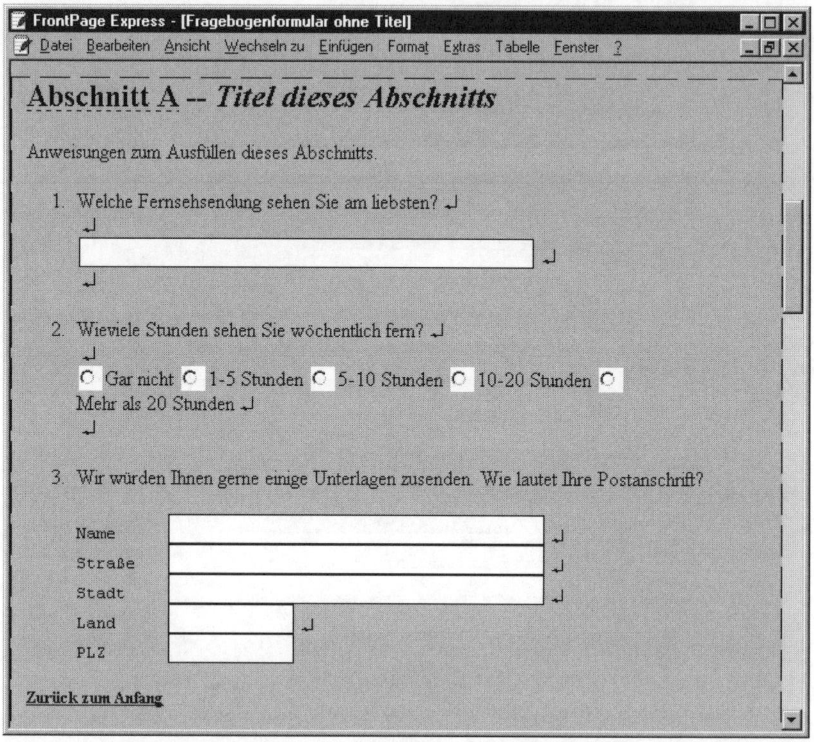

Bild 8.19: Abschnitt A des vorgefertigten Umfragebogens

Interessant für Sie ist die Struktur des Bogens, die Verweise zum Anfang des Dokuments sowie die vielen vorgefertigten Formularfelder, die Sie übernehmen können. Das kann Zeit sparen.

Um die Erstellung eines solchen Formulars geht es in Kapitel 10. Dort werden wir dieses Muster als Ausgangsvorlage nutzen, um anhand eines Beispiels den Umfragebogen nach unseren Wünschen zu modifizieren.

8.6 Die Vorlage an Ihre Bedürfnisse anpassen

Nachdem Sie eine Vorlage mit Hilfe des Assistenten erstellt beziehungsweise eine Dokumentvorlage gewählt haben, beginnt der zweite Arbeitsschritt: Die Vorlage muss bearbeitet werden. Keine der Vorlagen können Sie unverändert verwenden.

Das geht aber ganz einfach. Sie bearbeiten die Vorlage wie ein ganz normales Dokument im Editor von *FrontPage Express*. Klicken Sie an die Stelle, an der Sie etwas löschen oder einfügen wollen, und legen Sie los. Überschreiben Sie Text, ergänzen Sie Listen, kopieren Sie den Part mit den Kontrollkästchen in den oberen Abschnitt, wählen Sie eine andere Schrift, und löschen Sie Teile, die Sie nun doch nicht gebrauchen können und so weiter. Beim Umfrageformular müssen Sie zudem in Dialogfeldern die Eigenschaften festlegen, was im Abschnitt 10.2 erklärt wird.

Denken Sie daran

Unzählige Leute profitieren von dem Angebot dieser Vorlagen. Je weniger Sie daran ändern, desto durchschnittlicher sieht Ihre Webseite aus und versinkt im Sumpf der ordinären Präsentationen. Geben Sie der Seite eine individuelle Note.

Also, entscheiden Sie sich für eine andere Hintergrundfarbe, gestalten Sie die Trennlinien anders, und fügen Sie Bilder ein.

Apropos Bilder ...

9 Mit Bildern aufpeppen

Was wären Webseiten ohne Bilder?! Sie sind sozusagen erst das Salz in der Suppe. Denn im Gegensatz etwa zu einem Roman braucht der Leser vor dem Bildschirm optische Reize und Abwechslung. Die typischen Websurfer sind meistens ungeduldig und wollen im wahrsten Sinne des Wortes unterhalten werden.

In diesem Kapitel geht es um die verschiedenen Bildformate, wie Sie Bilder in Ihre Webseite einbinden und layouten können, wie Sie Bilder als Hyperlinks nutzen und mit einem Hintergrundbild Ihrer Webseite ein neues Gesicht geben, und was animierte Bilder sind.

Grafische Elemente und Bilder dienen nicht nur zur Auflockerung einer Webseite und machen sie somit attraktiver. Sie können auch Informationen schnell übermitteln, den Inhalt einer Textpassage hervorheben oder den Leser durch das Dokument geleiten.

Aber auch hier – wie überall im Leben – kommt es auf das rechte Maß an. Text und Bilder müssen nicht nur im harmonischen Gleichgewicht zueinander stehen und dürfen den Leser nicht vom Wesentlichen ablenken. Zu viele oder zu große Bilder bringen auch noch andere Nachteile mit sich: Je größer ein Bild ist, desto größer ist auch die Datenmenge, die transportiert werden muss, und desto mehr Zeit wird benötigt, um vom Webbrowser des Lesers geladen zu werden.

9.1 Die Bildformate im Web

Bilder kann man in vielen verschiedenen Dateiformaten abspeichern. Doch für das World Wide Web kommen eigentlich nur drei Grafikdatei-Formate in Frage, die im Gegensatz zu normalen Bildformaten (z.B. BMP, TIFF) die Grafiken sehr gut komprimieren und so die Dateigröße niedrig halten können. Grafiken, die in einer

Webseite eingefügt und durch den Browser selbst darstellbar sind, nennt man Inline-Bilder (inline images).

Die ersten beiden Formate werden von den meisten grafikfähigen Webbrowsern unterstützt und können so Inline-Bilder abbilden. Das dritte Format ist noch sehr neu und nicht sehr weit verbreitet:

- GIF (**G**rafik **I**mage **F**ormat)
- JPEG (**J**oint **P**ictures **E**xport **G**roup)
- PNG (**P**ortable **N**etwork **G**raphic)

9.1.1 Das GIF-Format

Das GIF-Format wurde speziell für Online-Dienste von CompuServe entwickelt. Es ist das am häufigsten verwendete Grafikformat und stellt daher für grafikfähige Browser kein Problem dar. GIF-Dateien haben die Dateinamenserweiterung *.gif.

GIF-Formate weisen gute Komprimierungseigenschaften auf. Sie können die Daten ohne Qualitätsverluste komprimieren. Außerdem können die Browser GIF-Bilder schnell dekomprimieren und somit die Ladezeiten gering halten. Das erfreut den Surfer.

Allerdings ist ihre Farbwiedergabe auf maximal 256 Farben beschränkt. Daher ist das GIF-Format eher für kleine grafische Elemente wie Symbole, Aufzählungszeichen, Trennlinien sowie für Cliparts geeignet als für eingescannte Fotos oder andere hoch auflösende Grafiken.

Drei interessante Vorteile von GIF-Formaten sind, dass man mit ihnen transparente Hintergründe, animierte Grafiken und Bilder mit Zeilensprung (Interlaced-Bilder) erstellen kann. Davon später mehr.

9.1.2 Das JPEG-Format

Das zweite stark verbreitete Grafikformat im Internet ist JPEG. JPEG-Dateien enden mit *.jpg. Es kann Dateien noch stärker komprimieren als GIF-Formate, was zu einem geringeren Dateiumfang führt. Jedoch ist die Dekomprimierungsgeschwindigkeit geringer, so dass sich der Vorteil wieder etwas ausgleicht. Außerdem führt das speziell entwickelte Kompressionsverfahren zu gewissen Qualitätseinbußen. Es ist daher empfehlenswert, einen eher geringen Kompressionsfaktor zu wählen, womit man wieder eine etwas umfangreichere Datei erhält.

Im Gegensatz zu GIF-Formaten unterstützen JPEG-Formate bis zu 16,7 Millionen Farben. Sie können also hochqualitative Bilder mit hoher Auflösung erhalten. Daher werden diese Formate gerne für eingescannte Bilder verwendet. Hierbei gilt jedoch zu beachten, dass viele Surfer aufgrund ihrer Hardware (Grafikkarte, Farbauflösung, Bildschirm) mit einer solch hohen Farbauflösung gar nichts anfangen können.

9.1.3 Das PNG-Format

Dieses Grafikformat heißt auf deutsch Portierbare Netzwerk Grafik und ist eine Neuentwicklung. Es ist daher noch kaum verbreitet. Eine geringe Verbreitung geht leider auch immer mit Webbrowsern einher, die dieses Format nicht darstellen können. Sie sollten daher dieses Format zur Zeit noch nicht verwenden und erst einmal abwarten, wie es sich weltweit behauptet.

Das PNG-Format (sprich: ping) wurde entwickelt, um die positiven Eigenschaften von GIF- und JPEG-Formaten zu vereinen. Bei hoher Bildauflösung (16 Millionen Farben) kann es die Daten platzsparend ohne Qualitätseinbußen speichern.

9.2 Bilder in die Webseite einbinden

Zunächst stellt sich die Frage, welche Bilder Sie an welcher Stelle auf Ihre Webseite einbinden wollen. Neben richtigen Grafiken können das auch grafische Elemente wie zum Beispiel Trennlinien, Aufzählungspunkte, Symbole und Schaltflächen sein. Und woher nehmen Sie die Bilder?

9.2.1 Bild-Quellen

Viele Illustrationen (Cliparts) und Grafiken stehen Ihnen im Internet zum Download zur Verfügung – zumindest für die private, nichtkommerzielle Nutzung. Klicken Sie das gewünschte Bild mit der rechten Maustaste an, und wählen Sie im Kontextmenü den entsprechenden Befehl.

Achten Sie aber auf eventuelle Copyright-Bestimmungen. Man kann nicht jedes beliebige Bild „klauen". Die Grauzone ist sehr groß und es kommt natürlich auch darauf an, was Sie damit machen möchten. Möchten Sie eine kommerzielle Webseite aufbauen, zum Beispiel für Ihr Unternehmen, dann müssen Sie die Rechte an Bildern kaufen, bevor Sie sie verwenden dürfen. Für den privaten Gebrauch sind die Regeln weniger streng, und Sie können sich schon eher das eine oder andere interessante Bild downloaden.

Mit Suchmaschinen nach Bildern im Web suchen

Wahrscheinlich wissen Sie bereits das Angebot von Suchmaschinen zu schätzen. Suchmaschinen sind allen Websurfern zugänglich und werden genutzt, um nach bestimmten Webadressen zu suchen. Möchten Sie beispielsweise nach kleinen Comic-Bildchen für Ihre Webseite suchen, dann geben Sie in das Suchfeld einer der Suchmaschinen die Stichwörter „Clipart" „Comic" ein. Wichtige Suchmaschinen sind Yahoo!, Lycoos, Aladin, Fireball und Alta Vista.

Viele Programme, vor allem die Grafikprogramme, haben ihre CD mit Cliparts vollgepackt (z.B. *CorelDRAW*). Das Recht, diese Bildchen auch zu verwenden, hat man in der Regel mit dem Kauf des

Programms erworben und kann sie daher bedenkenlos einsetzen – zumindest im privaten Bereich.

Haben Sie *Microsoft Office 2000* installiert, finden Sie im GIF-Format gespeicherte Cliparts unter `C:\MS OFFICE\ CLIPART\ POPULAER`. Bei *Microsoft Office 97* sind sie unter `C:\PROGRAMME\MICROSOFT OFFICE\ CLIPART` abgelegt. *MS Office 95* bietet auch Cliparts an, das sind jedoch keine Inline-Bilder und so für das Internet nicht tauglich.

Vielleicht finden Sie auch ein nettes Bild in einer Zeitschrift oder einem Buch. Das Bild können Sie dann einscannen und unter dem Bildformat GIF oder JPEG speichern. Aber auch hier müssten Sie zunächst die Copyright-Bestimmungen klären.

Am unproblematischsten ist es natürlich, wenn Sie ein von Ihnen gemachtes Foto verwenden oder selbst eine Zeichnung oder ein Bild anfertigen und einscannen. Dann kann Ihnen niemand an den Karren fahren. Und individuell ist es auch.

Zum Einscannen müssen Sie heutzutage keinen eigenen Scanner besitzen. Einige Fotoshops und Copy & Internetstudios bieten diese Dienstleistung an. Sie geben nur das Bild ab und erhalten dann einen Datenträger mit der entsprechenden Datei.

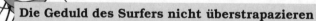

Die Geduld des Surfers nicht überstrapazieren

So schön es auch ist, viele schöne, große Grafiken auf die Webseite zu platzieren – solange Sie nicht vorhaben, eine virtuelle Grafikausstellung zu erstellen, denken Sie daran, dass beim Laden einer Seite die meiste Zeit für den Übertragungsprozess der Bildelemente benötigt wird. Je mehr Bilder, desto mehr Daten, desto länger das Laden. Sie haben sich bestimmt auch schon mal darüber geärgert. Nicht ohne Grund kann man bei den meisten Webbrowsern die Grafikanzeige deaktivieren.

9.2.2 Das Bild einfügen

Wie kommt nun das Bild, das Ihnen als Datei im GIF- oder JPEG-Format vorliegt, auf Ihre Webseite? Ganz einfach:

☑ Bewegen Sie den Cursor an die Stelle, wo Sie das Bild einbinden möchten.

☑ Wählen Sie im Menü zu EINFÜGEN die Option BILD, oder klicken Sie auf die Schaltfläche BILD EINFÜGEN. Es erscheint das gleichnamige Dialogfeld mit dem Registerblatt ANDERE ADRESSEN. (Wie bereits geschrieben, hat das Registerblatt CLIP ART leider nichts anzubieten.)

Bild 9.1:
Eine Bilddatei öffnen

☑ Lassen Sie AUS DATEI aktiviert, wenn Sie die gewünschte Grafikdatei von Ihrer Festplatte oder einem anderen Datenträger laden möchten. Das machen Sie am besten über DURCHSUCHEN, dann entstehen keine Tippfehler, und es geht am schnellsten.

(Aktivieren Sie das Optionsfeld AUS ADRESSE, wenn Sie das Bild direkt aus dem Internet in Ihr Dokument einladen möchten. Der Adressanfang HTTP:// ist im Feld bereits eingetragen. Geben Sie die komplette URL an. Vermutlich werden Sie diese Option nicht nutzen, denn Bilder liegen im Netz häufig in speziellen Ordnern vor oder sind auf speziellen FTP-Servern abgelegt.)

☑ Bestätigen Sie mit OK, und das Bild wird auf Ihrer Seite eingefügt.

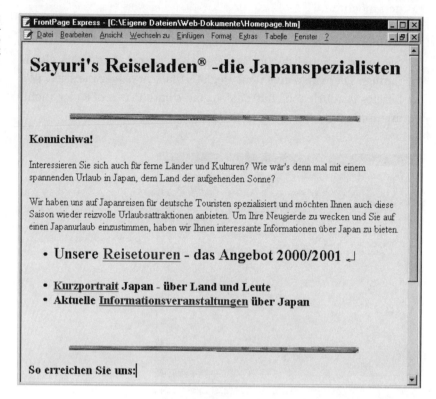

Bild 9.2:
Japanische Essstäbchen als Trennlinie eingefügt

9.3 Das Bild bearbeiten

☑ Meistens fügt sich das frisch eingeladene Bild nicht auf Anhieb zufriedenstellend in die Webseite ein. Größe, Ausrichtung und Bildeigenschaften können Sie nun festlegen.

9.3.1 Die Größe verändern

☑ Ist das Bild viel zu groß oder klein, dann ändern Sie seine Größe:

☑ Klicken Sie es an. Es erhält einen Rahmen mit acht Ziehpunkten.

☑ Packen Sie einen der Eckpunkte, und ziehen Sie ihn mit gehaltener Maustaste bis zur gewünschten Bildgröße kleiner oder größer. Lassen Sie dann die Maustaste wieder los.

Damit haben Sie die Größe proportional verändert. Wollen Sie aber das Bild in die Länge oder Breite ziehen, dann nehmen Sie einen der Ziehpunkte am Seitenrand des Bildes.

Alternativ zum Mausverfahren können Sie die Größe auch in Pixel oder Prozent im Dialogfeld BILDEIGENSCHAFTEN angeben.

☑ Öffnen Sie das Dialogfeld BILDEIGENSCHAFTEN per Doppelklick auf das Bild, über BEARBEITEN ◆ BILDEIGENSCHAFTEN oder über das Kontextmenü. Wahlweise können Sie auch die Tastenkombination [alt]+[↵] drücken.

☑ Wählen Sie das Registerblatt ERSCHEINUNGSBILD.

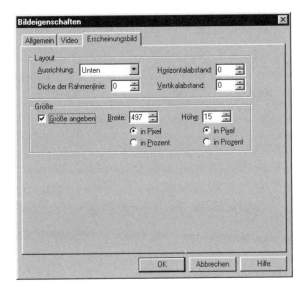

Bild 9.3:
Größe und Layout festlegen

☑ Aktivieren Sie das Kontrollkästchen GRÖßE, und

☑ geben Sie unter BREITE und HÖHE die gewünschte Größe des Bildes IN PIXEL oder IN PROZENT an.

☑ Wenn Sie keine weiteren Einstellungen auf dem Registerblatt vornehmen möchten, klicken Sie auf OK.

9.3.2 Bild und Text in Harmonie

Haben Sie vor dem Einfügen des Bildes die Eingabemarke an einem Satzende platziert, so wird das Bild rechts davon eingefügt, wobei der untere Bildrand an der Zeile ausgerichtet wird. Je nach Größe des Bildes wurden dabei die letzten beiden Zeilen eines Absatzes auseinandergerissen. Den Text können Sie nun am Bild ausrichten oder um das Bild fließen lassen.

☑ Markieren Sie das Bild,

☑ öffnen Sie das Dialogfeld BILDEIGENSCHAFTEN, zum Beispiel per Doppelklick auf das Bild, und

☑ wählen Sie die Registerkarte ERSCHEINUNGSBILD.

☑ Selektieren Sie im Dropdown-Menü von AUSRICHTUNG der Gruppe LAYOUT eine Option, und bestätigen Sie mit OK.

Möchten Sie, dass der Text das Bild umfließt, dann wählen Sie die Ausrichtung RECHTS oder LINKS, je nachdem, wo das Bild platziert werden soll. Der jeweils folgende Text wird am Bild vorbei fließen.

Bild 9.4:
Das Bild am
Text ausrichten

Bild kann aus Versehen gelöscht werden

Sie können das Bild auch versehentlich löschen, ohne es jedoch zuvor markiert zu haben. Wenn Sie den Text genauer ansehen, erkennen Sie ein kleines schwarzes Rechteck (nur, wenn die ANSICHT FORMATIERUNGSCODE selektiert ist). Das ist der Marker für das Bild. Löschen Sie versehentlich den Marker, löschen Sie damit auch das Bild (Erste Hilfe: BEARBEITEN ♦ RÜCKGÄNGIG).

Mit Hilfe der Optionen OBEN, MITTE und UNTEN richten Sie den Text am Bild aus. Das ist vor allem bei einem einzeiligen Text interessant. Bild 9.5 macht das deutlich. Die anderen Optionen im Dropdown-Menü kommen dann zum Einsatz, wenn zwei oder mehrere Bilder und Text nebeneinander platziert sind. Probieren Sie es aus.

Bild 9.5:
Den Text am
Bild ausrichten

Damit Ihr Bild nicht zu nahe am Text oder einem anderen Bild „klebt", sollten Sie einen Abstand angeben. Unter VERTIKALABSTAND wählen Sie den Leerraum zur vorherigen und nächsten Zeile, der HORIZONTALABSTAND legt den Abstand rechts und links des Bildes fest.

In derselben Gruppe LAYOUT können Sie auch wählen, ob Sie einen Rahmen um das Bild haben möchten, und wie dick er sein soll. Standardmäßig ist unter DICKE DER RAHMENLINIE der Wert Null angegeben, das Bild ist entsprechend nicht eingerahmt.

9.3.3 Text als Alternative zum Bild

Manche Surfer haben die Grafikanzeige in ihrem Browser ausgeschaltet, manche arbeiten mit einem auf Text basierenden Browser (die Armen!). Sie sehen statt eines Bildes lediglich einen Rahmen mit einem kleinen Bildsymbol. Für diese Leute kann man dem Bild einen Namen geben, es also mit wenigen Wörtern beschreiben. Auch bei größeren Bildern ist der Alternativtext sinnvoll. Der Benutzer hat eine Vorstellung, welches Bild ihn ungefähr erwartet, bevor es sich aufgebaut hat.

So geben Sie dem Bild einen Namen:

☑ Markieren Sie das Bild,

☑ öffnen Sie das Dialogfeld BILDEIGENSCHAFTEN, und lassen Sie die Registerblatteinstellung ALLGEMEIN.

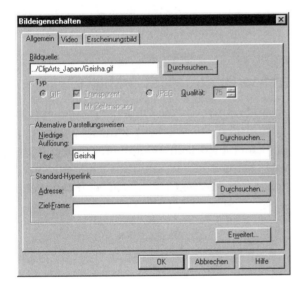

Bild 9.6:
Dem Bild einen Namen geben

☑ In der Gruppe ALTERNATIVE DARSTELLUNGSWEISEN tippen Sie in das Feld neben TEXT die beschreibenden Wörter ein.

Im besten Fall macht die Beschreibung so neugierig, dass der Leser wartet, bis sich das Bild aufgebaut hat beziehungsweise seine Bildansicht aktiviert oder zumindest bereut, nicht mit einem grafikfähigen Browser zu arbeiten ...

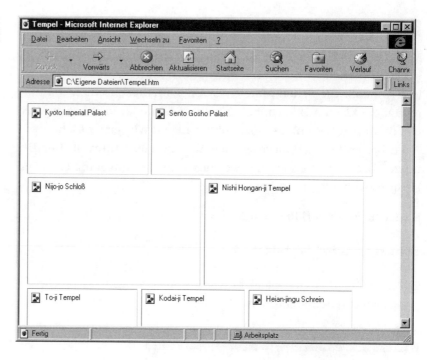

Bild 9.7:
Alternativtext statt
Bilder im Webbrowser

9.3.4 Eine niedrige Bildqualität wählen

Eine weitere Darstellungsalternative ist die Option NIEDRIGE AUFLÖ-SUNG. Hierbei wird nach Aufrufen der Webseite zunächst mit dem Seitentext die Grafik mit einer niedrigen Bildqualität präsentiert. Der Betrachter kann sich schnell einen Eindruck vom Bild verschaffen und kann schon den Seitentext lesen, während der Webbrowser das umfangreichere Bild mit der hohen Bildqualität lädt.

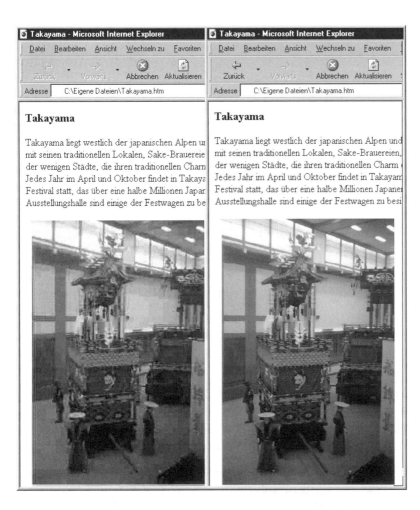

Bild 9.8:
Alternatives Bild für die ersten Sekunden als Vorablösung (links) und Originalbild als endgültige Lösung (rechts)

Diese alternative Darstellungsform kann für GIF- und JPEG-Bilder angewandt werden und ist vor allem bei umfangreichen Grafiken sinnvoll. Um die Option NIEDRIGE AUFLÖSUNG nutzen zu können, müssen Sie eine zweite Version Ihrer Grafik herstellen, die einen geringeren Umfang hat als die Originalversion. Das können Sie neben der Wahl einer niedrigeren Bildauflösung auch durch ein Schwarz-Weiß-Bild erreichen. Dann machen Sie folgendes:

☑ Markieren Sie das Originalbild mit der hohen Bildqualität, und

☑ öffnen Sie das Dialogfeld BILDSCHIRMEIGENSCHAFTEN.

☑ Auf dem Registerblatt ALLGEMEIN in der Gruppe ALTERNATIVE DARSTELLUNGSWEISEN wählen Sie mit Hilfe der Schaltfläche DURCHSUCHEN Ihre alternative Bilddatei oder tippen den Dateinamen in das Textfeld ein.

☑ Klicken Sie auf OK.

9.3.5 Mit oder ohne Zeilensprung

Normalerweise wird eine Grafik im Webbrowser Zeile für Zeile aufgebaut. Erst wenn über die Hälfte des Bildes aufgebaut ist, bekommt der Besucher einen vagen Eindruck vom Bild. Um den Betrachter nicht so ungeduldig zu stimmen, wurde der Zeilensprung entwickelt.

Beim Zeilensprung, oder auch Interlaced-Verfahren genannt, wird die Grafik in vier Phasen aufgebaut. In jeder Phase wird jeweils nur jede vierte Zeile geladen und die darunterliegenden mit der Kopie dieser Zeile ausgefüllt. Im ersten Schritt werden also die Zeilen 1, 5, 9 etc. übertragen, und der Browser kopiert den Inhalt der geladenen Zeilen in die darunterliegenden Zeilen 2-4, 6-8, 10-12 etc., sodass das ganze Bild ausgefüllt ist. Im zweiten Durchgang werden die Zeilen 2, 6, 10 etc. übertragen und in die beiden unteren kopiert. Im dritten Durchgang werden die Zeilen 3, 7, 11 etc. aufgebaut. Mit jedem Schritt wird die Grafik dem Betrachter immer deutlicher.

Diese Art von Bildaufbau hat zum einen den Vorteil, dass der Betrachter ziemlich schnell eine gute Vorstellung über das Aussehen der Grafik bekommt und es ihm beim Übertragungsprozess nicht langweilig wird. Der entscheidende Vorteil ist aber, dass in der ersten Phase auch der Text sowie alle Hyperlinks der Webseite aufgebaut werden. So kann der Besucher den Text bereits lesen, während sich die Grafik aufbaut, oder er kann per Hyperlink woanders hin springen.

Allerdings ist nur bei Bildern mit GIF-Format die Einstellung ZEILENSPRUNG möglich. Führen Sie dazu folgende Schritte aus:

☑ Doppelklicken Sie auf die GIF-Grafik, und

☑ aktivieren Sie im Dialogfeld BILDEIGENSCHAFTEN auf dem Registerblatt ALLGEMEIN in der Gruppe TYP das Kontrollkästchen MIT ZEILENSPRUNG (siehe Bild 9.6).

☑ Bestätigen Sie mit OK.

Beim Speichern der Datei wird die Grafik automatisch als GIF mit Zeilensprung gespeichert. Die ursprüngliche GIF-Grafik wird also überschrieben!

9.3.6 Transparenz ausschalten

Haben Sie für Ihre Webseite einen farbigen oder gar gemusterten Hintergrund gewählt, dann hat die Grafik, die Sie in Ihre Webseite einladen, mit großer Wahrscheinlichkeit einen anderen Hintergrund und fügt sich nicht gerade harmonisch in die Seite ein. Sie sieht eher wie eingeklebt aus, wie Bild 9.9 links verdeutlicht. Dem kann man mit der Option TRANSPARENZ Abhilfe schaffen. Transparente Grafiken haben einen durchsichtigen Hintergrund und lassen den Hintergrund der Webseite durchscheinen. Dadurch wird die Grafik in ihre Umgebung harmonisch eingebettet. Transparente Grafiken sind nur im GIF-Format möglich.

Auf dem Registerblatt ALLGEMEIN im Dialogfeld BILDEIGENSCHAFTEN haben Sie bestimmt schon in der Gruppe TYP das Kontrollkästchen zu TRANSPARENZ entdeckt. Doch leider kann man in *FrontPage Express* keinen transparenten Hintergrund bei einer Grafik erzeugen. Sie müssen die Option TRANSPARENZ bereits in dem Grafikprogramm einstellen, in dem Sie die Grafik vor dem Einbinden auf Ihre Webseite bearbeiten.

Haben Sie eine transparente Grafik in *FrontPage Express* eingeladen, dann kann dieser Editor die Option TRANSPARENZ lediglich ausschalten. Und das geschieht endgültig. Haben Sie einmal dies mit OK bestätigt, lässt sich diese Kontrollfläche nicht mehr aktivieren.

Bild 9.9:
Eingefügtes Bild ohne
und mit Transparenz

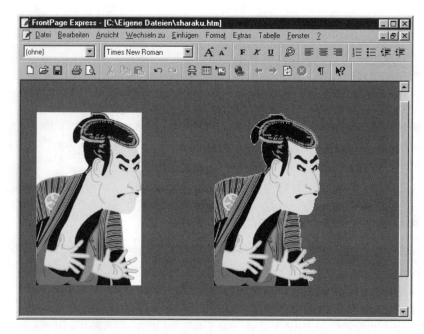

9.3.7 Bild löschen

Sind Sie trotz Einstellungen auf der Registerkarte ERSCHEINUNGSBILD mit der Platzierung des Bildes nicht zufrieden, dann löschen Sie lieber das Bild und fügen es noch einmal an anderer Stelle ein, bevor Sie es im Text an eine andere Stelle ziehen.

Um ein Bild zu entfernen, klicken Sie es an. Es wird eingerahmt. Wählen Sie jetzt BEARBEITEN ♦ LÖSCHEN, oder drücken Sie einfach die ⌜Entf⌝-Taste.

9.4 Bilder als Hyperlinks einsetzen

Sie können Hyperlinks statt an Text auch an Grafiken oder grafische Elemente knüpfen. Die Vorgehensweise ist jeweils die gleiche: Sie markieren das Objekt, an dem Sie den Verweis knüpfen möchten und erstellen einen Hyperlink. Wichtig dabei ist, dass das Bild für den Besucher auch als verweisendes Objekt erkenntlich ist.

9.4.1 Das Grafikelement Button

Schaltflächen können auf Ihren Webseiten als wichtige Navigationshilfen eingesetzt werden. Sie sehen gleich professionell aus, lockern die Webseite auf und springen dem Besucher ins Auge. Diese Schaltflächen nennt man Buttons. Statt also am Ende einer Seite den Text Anfang, Homepage, Seite A, Seite B etc. aufzulisten, erstellen Sie für diesen Zweck am besten Buttons.

Viele schöne Buttons können Sie vom Internet runterziehen. Wie das geht, wurde schon bei den Grafiken erläutert. Wichtig beim Einsatz dieser Navigationselemente ist, dass jedem Benutzer sofort klar sein muss, wohin der Button ihn führt. Bei einem Pfeil in irgendeine Richtung ist das nicht immer so klar. Führt ein Pfeil nach oben zum Anfang des letzten Kapitels oder zum Anfang der Webseite oder zur Homepage?

Verwenden Sie die Buttons auch strikt einheitlich. Jeder einzelne Button muss auf jeder Ihrer Seiten die gleiche Funktion haben. Wichtig ist auch, alternativ zum Button Text anzubieten, damit Besucher, die beim Browser die Grafikanzeige ausgeschaltet haben, auch navigiert werden können.

Um einen Verweis an einen Button zu verknüpfen, führen Sie folgende Schritte aus:

- ☑ Fügen Sie den Button über EINFÜGEN • BILD an die gewünschte Stelle Ihrer Webseite ein, und passen Sie seine Größe an.

- ☑ Öffnen Sie bei markiertem Button das Dialogfeld HYPERLINK ERSTELLEN (z.B. über die Schaltfläche auf der Symbolleiste), und

- ☑ wählen Sie die gewünschte Seite beziehungsweise die zuvor definierte Textmarke, auf die verwiesen werden soll (siehe Kapitel 7).

- ☑ Doppelklicken Sie auf das Bild, um im Dialogfeld BILDEIGENSCHAFTEN unter ALTERNATIVE DARSTELLUNGSWEISEN den Text für den Button einzugeben. Sie sehen, dass in der Gruppe STANDARD-HYPERLINK die Adresse Ihres Verweises angegeben ist.

9.4.2 Eine verweisende Grafik

Nicht nur Text, auch eine Grafik kann natürlich als Verweis eingesetzt werden. Beispielsweise anstelle der Aufzählungszeichen einer Liste oder anstatt von Buttons. Bei letzterem muss natürlich ein begleitender Text dem Besucher mitteilen, für was das Bild steht, sprich, wohin verwiesen wird. Dieser Text muss neben oder unter der Graphik stehen. Dafür brauchen Sie dem Bild unter ALTERNATIVE DARSTELLUNGSWEISEN keinen Namen mehr zu geben.

Bedenken Sie, dass eine größere Anzahl an Bildern die Datei entsprechend umfangreich macht. Wählen Sie daher für diesen Zweck nur einfache Bilder mit geringem Dateiumfang, beispielsweise Schwarz-Weiß-Bilder, Symbole, kleine Zeichnungen.

Die Erstellung des Hyperlinks entspricht der im obigen Abschnitt (siehe Kapitel 9.4.1) beschriebenen Vorgehensweise.

9.5 Mit animierten GIF-Bildern anmachen

Animierte GIFs kennen Sie bestimmt schon vom Surfen. Auch die Animationen, die man zum Beispiel beim Installieren eines Programms gezeigt bekommt oder gar die klassische Sanduhr gehören zu animierten GIFs. Verschiedene, aufeinander abgestimmte Bilder werden hintereinander angezeigt und dabei entsteht je nach Ablaufgeschwindigkeit ein Daumenkino-Effekt oder ein Dia-Show-Effekt. Alle Bilder sind in einer Datei gespeichert.

Mit diesen animierten GIFs können Sie wie bei der Laufschrift Bewegung auf Ihre Seite bringen. Sie bringen Schwung, sind nett anzusehen und erfreuen den Betrachter. Natürlich gibt es auch hier wieder ein großes Aber.

Diese sich bewegenden Bilder können vom Inhalt der Webseite stark ablenken. Darum sollte man sie nur wohldosiert, und vor allem gerade nicht an wichtigen Stellen einsetzen. Über die Ablaufgeschwindigkeit der Animation und der Ablauffrequenz kann man Einfluss auf das Ausmaß der Ablenkung ausüben. So kann man zum Beispiel einstellen, dass die Animation nur ein- oder zweimal ablaufen soll.

Ein weiterer gravierender Nachteil ist, dass viele komplizierte Bilder eine große Datei erzeugen und somit den Übertragungsprozess verlängern. Halten Sie entsprechend die Bilder einfach und die Anzahl der Einzelbilder gering. Sie sollten ferner bedenken, dass manche Webbrowser animierte GIF-Bilder nicht zufriedenstellend darstellen.

Animierte GIF-Bilder kann man sich entweder selbst erstellen oder auf Sammlungen im World Wide Web zurückgreifen (z.B. http://www.online.de/home/brombeere/animated_gif.htm oder http://www.zampano.com/gifanim/). Auch auf beiliegender CD-ROM finden Sie animierte GIF-Bilder. Sie sind im Ordner *Bilder* abgelegt.

Um animierte GIF-Bilder zu erstellen, benötigen Sie zum einen ein Grafikprogramm und zum anderen ein Zusatzprogramm. Mit dem Grafikprogramm erstellen Sie die Einzelbilder, die alle gleich groß sein und den gleichen Hintergrund haben sollten. Das Zusatzprogramm benötigen Sie, um die Einzelbilder zu einer animierten Grafik zusammenzufügen.

Auf der Webseite von Microsoft können Sie sich ein solches Zusatzprogramm bestellen. Es heißt GIF Construction-Set (http://www.mindworkshop.com/alchemy/gifcon.html). In diesem Programm legen Sie auch die Ablaufgeschwindigkeit (control = Kontrollelement Verzögerung) und die Ablaufhäufigkeit (loop = Schleife) fest und können Text und Kommentare einfügen.

9.6 Ein Hintergrundbild wählen

Ein einfarbiger Hintergrund macht nicht besonders viel her. Vor allem nicht, wenn man weiß, dass es viel schönere gibt. Typischerweise benutzt man für den Hintergrund aber keine richtigen Bilder, sondern eher Muster. *Office 97, Office 2000* und das Internet haben einige Hintergrundbilder zu bieten und es macht Spaß, einige auszuprobieren, aber...

Machen Sie sich bewusst, dass es primär der Inhalt Ihres Dokuments ist, den Sie übermitteln wollen. Das Hintergrundbild darf weder vom Text ablenken, noch ihn schwer lesbar machen. Und denken Sie dabei auch an die vielen Benutzer, deren Monitor keine gute Bildschirmauflösung hat. Testen Sie einige, und entscheiden Sie selbst.

Um ein Hintergrundbild einzufügen, führen Sie folgende Schritte aus:

☑ Geben Sie den Befehl DATEI ♦ SEITENEIGENSCHAFTEN. Es erscheint das gleichnamige Dialogfeld.

☑ Selektieren Sie das Registerblatt HINTERGRUND.

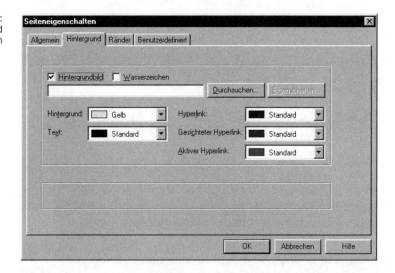

Bild 9.10:
Ein Hintergrundbild laden

☑ Aktivieren Sie das Kontrollkästchen HINTERGRUNDBILD, und klicken Sie auf die Schaltfläche DURCHSUCHEN. Ein Ihnen bekanntes Dialogfeld öffnet sich, das sich nun HINTERGRUNDBILD WÄHLEN nennt.

☑ Suchen und selektieren Sie die gewünschte Datei, und klicken Sie auf ÖFFNEN und dann auf OK.

Ihre Webseite wird mit dem gewählten Hintergrundbild unterlegt. Hatten Sie zuvor eine Hintergrundfarbe gewählt, so wird diese überschrieben. Wenn Sie die Vordergrundelemente bewegen, bewegt sich das Hintergrundbild mit. Vorder- und Hintergrund scheinen fest miteinander verbunden zu sein.

Nun gibt es noch die Option WASSERZEICHEN, die auch im Registerblatt HINTERGRUND aktiviert werden kann. Ist diese Option gewählt, dann bleibt das Hintergrundbild stehen, während Text, Bilder etc. im Vordergrund durch die Bildlaufleiste bewegt werden. Das können Sie allerdings nur im Browser sehen. (Rufen Sie zum Test den *Internet Explorer Browser* per Mausklick auf die Schaltfläche mit dem **e** auf der Task-Leiste auf.)

Bild 9.11:
Ein dezenter Hintergrund

10 Für Anspruchsvolle

In diesem Kapitel geht es um etwas schwierigere Dinge, wie die Überschrift schon vermuten lässt. Sie lernen, wie Sie Frames und Formulare erstellen können. Vor allem das Gestaltungselement Frames finden Sie häufig auf Webseiten. Zudem erfahren Sie etwas mehr über WebBot-Komponenten, wie Sie zum Beispiel automatisch das letzte Änderungsdatum Ihrer Webseite anzeigen lassen können. Im letzten Teil geht es um Elemente, mit deren Hilfe Sie die Dynamik und Professionalität Ihrer Webseite erhöhen: Videos, Hintergrundmusik, Skriptsprachen und anderen Komponenten.

10.1 Frames – Setzen Sie die Rahmenbedingungen!

HTML eröffnet Ihnen die Möglichkeit, das Fenster des Webbrowsers bei Ihrem Besucher in mehrere Teilbereiche zu unterteilen. Da diese Bereiche Inhalte sozusagen einrahmen, nennt man sie im Englischen frames (= Rahmen).

Wozu werden Frames eingesetzt? Bei geschickter Verwendung der Frametechnik können sie helfen, den Benutzer zu leiten und Orientierung zu geben, ihn schnell mit den notwendigen Informationen zu versorgen und ihm die Navigation zu erleichtern.

Frames spielen zwar mittlerweile bei der Erstellung von Webseiten eine große Rolle, dennoch ist in *FrontPage Express* dazu nur teilweise eine Hilfestellung vorgesehen. Professionelle Programme haben dagegen sehr komfortable Assistenten zur Erstellung von Frames. Das soll aber nicht heißen, dass Sie mit *FrontPage Express* keine Frames erzeugen könnten. Sie brauchen allerdings einige Grundkenntnisse in HTML, aber die haben Sie sich ja mittlerweile mit diesem Buch angeeignet. Gleich zeige ich Ihnen, wie das geht.

Zunächst jedoch noch ein paar grundlegende Bemerkungen zu Frames und zu den Eigenschaften, die sie auszeichnen. Wenn Sie den Bildschirm Ihres Betrachters unterteilen wollen, müssen Sie sich zunächst überlegen, wie viele Fenster Sie möchten, und ob die Unterteilung horizontal oder vertikal erfolgen soll (oder sogar beides gleichzeitig, wie in Bild 10.1 zu sehen).

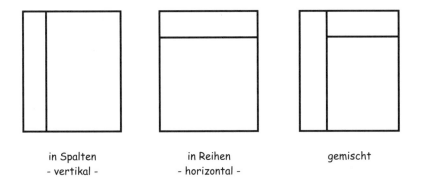

Bild 10.1:
Drei mögliche Frame-Strukturen

Typischerweise macht man es so, dass es auf dem Bildschirm des Betrachters statische und dynamische Frames gibt. Der Inhalt statischer Frames verändert sich während des Besuchs nicht. Zum Beispiel wird das Inhaltsverzeichnis immer gleich bleiben und immer zu sehen sein. Das größte der Fenster ist meistens ein Fenster, in dem der Benutzer die Inhalte angezeigt bekommt. Der Inhalt verändert sich also, der Rahmen wird daher als dynamisch bezeichnet.

Nicht zu viele Rahmen!

Überlegen Sie bei der Erstellung genau, wieviel Rahmen Ihrer Seite gut tun. Denken Sie daran, dass Ihre Besucher eventuell deutlich weniger Anzeigeplatz auf ihrem Monitor als Sie haben und bei vielen Rahmen Probleme bekommen können. Besonders, wenn Ihre Rahmen Bildlaufleisten an der Seite tragen, benötigen die einzelnen Frames sehr viel Platz. Auch verbessert sich nicht automatisch die Übersichtlichkeit, wenn Sie viele Rahmen einsetzen. Beschränken Sie sich auf eine oder höchstens zwei Unterteilungen!

10.1.1 Frames direkt in HTML definieren

Zu Beginn der Definition von Frames müssen Sie nichts anderes machen, als eine neue Seite zu erzeugen, die dem Webbrowser mitteilt, wie der Anzeigebereich unterteilt werden soll (also Anzahl und Ausrichtung der Frames), welche Eigenschaften diese Frames aufweisen sollen und vor allem, was in diesen Frames angezeigt werden soll. Denn anders als bei normalen Seiten enthalten die Frame-Definitionen keine eigenen Inhalte, sondern verweisen grundsätzlich auf andere Seiten.

Wie definiert man nun die Frames mit *FrontPage Express*? Dazu greifen wir zu einem kleinen Trick. Wie Sie wissen, können wir uns während der Erstellung der Webseiten auch den HTML-Quelltext anzeigen lassen. Bequemer ist es natürlich, im WYSIWYG-Modus zu arbeiten, aber bei Frames geht es ans Eingemachte. Gehen Sie so vor:

☑ Öffnen Sie eine neue Seite (DATEI ♦ NEU ♦ NORMALE SEITE). Sie bekommen eine scheinbar leere Seite angezeigt.

☑ Vergeben Sie im Dialogfeld SEITENEIGENSCHAFTEN, das Sie im Menü DATEI öffnen, den Titel für die Seite so, dass möglichst Ihr gesamtes Projekt treffend beschrieben ist. Später werden nämlich alle Seiten Ihres Projekts unter diesem Titel im Kopf des Browsers angezeigt.

☑ Wählen Sie nun im Menü ANSICHT die Option HTML. Es öffnet sich ein neues Fenster (siehe Bild 10.2), in dem Sie die grundlegenden Einträge in HTML sehen, die immer vorhanden sein müssen, damit eine Seite überhaupt vom Webbrowser erkannt wird.

Bild 10.2:
Die HTML-Ansicht einer scheinbar leeren Seite

☑ Direkt nach dem Ende-Tag der HEAD-Definition schreiben Sie nun den HTML-Code, der die Frames beschreibt. Nehmen wir an, Sie möchten zwei nebeneinander angeordnete Rahmen definieren, im linken Frame wird eine Inhaltsangabe dargestellt und der rechte Frame ist der dynamische Frame mit der Hauptseite. Bild 10.3 zeigt an diesem Beispiel, wie das aussehen könnte.

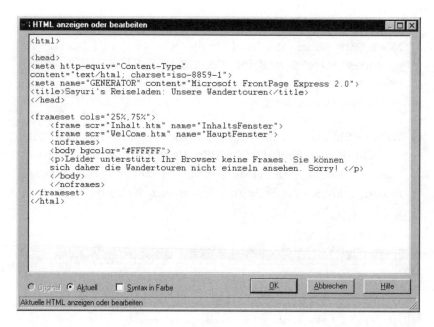

Bild 10.3:
Einfügen eines Frameset in der HTML-Ansicht

Was müssen Sie tun? Die Frame-Definition findet zwischen dem Tag-Paar <FRAMESET> und </FRAMESET> statt. Dazwischen werden mit dem Befehl <FRAME> die Inhalte der zuvor definierten zwei Frames bestimmt. Für <FRAME> gibt es kein Ende-Tag. Darauf folgend kommt ein Teil, der für Browser bestimmt ist, die keine Frames darstellen können. Dieser Teil wird mit <NOFRAMES> eingeleitet und mit </NOFRAMES> abgeschlossen. Dazwischen, und das ist wichtig, befindet sich der BODY-Bereich, den Sie ja schon aus vielen anderen Beispielen kennen. Sie sollten hier auf jeden Fall vorsehen, ein paar Worte für Besucher mit älteren Browser zu schreiben und sie darüber zu informieren, dass sie Ihr Angebot leider nicht lesen können.

Probleme bei der Eingabe von HTML-Frame-Definitionen

Bei der Eingabe von HTML-Befehlen im Ansichtsfenster werden die Neuerungen nicht einfach von *FrontPage Express* übernommen, sondern noch einer Überprüfung unterzogen und gegebenenfalls auch geändert (leider nicht immer so, dass hinterher auch alles funktioniert!). Speziell bei der Definition von Frames kann es dabei zu Problemen kommen. Folgen Sie daher exakt der gezeigten Struktur, auch wenn HTML andere Lösungen zulassen würde. Wenn es für Sie einfacher ist, können Sie die Definitionsdatei auch mit einem anderen Editor wie *NotePad* erzeugen und auf *FrontPage Express* vollständig verzichten. WebBot-Komponenten lassen sich für die Definition von Frames nicht einsetzen.

10.1.2 Vertikale oder horizontale Frames

An dieser Stelle sollen Sie nun vertiefende technische Hinweise zur Definition von Frames bekommen. Sie haben gesehen, dass hinter dem Befehl <FRAMESET> zunächst angegeben wird, ob die Rahmen den Anzeigebereich horizontal oder vertikal unterteilen sollen. Danach steht die Angabe zur Breite der beiden Rahmen. Möchten Sie den Anzeigebereich in zwei horizontale Frames unterteilen lassen, dann schreiben Sie folgenden Befehl:

```
<FRAMESET ROWS="20%,80%">
```

Auf diesem Wege erhalten Sie eine Unterteilung, die den ersten, oberen Rahmen 20% und den unteren Rahmen 80% des maximal möglichen Bereichs ausfüllen läßt. Die Definition als rows (= Reihen) erzwingt die horizontale Unterteilung. Sie können mehrere Frames definieren und dabei die Prozentangaben frei wählen, jedoch muss die Summe aller Angaben 100% ergeben, und die

Rahmen sollten nicht zu klein werden. Die Angaben für die Aufteilung müssen in Anführungsstrichen stehen, die einzelnen Angaben werden durch Kommata getrennt.

Möchten Sie den Anzeigebereich lieber vertikal unterteilen, dann lautet die Definition:

```
<FRAMESET COLS="30%,70%">
```

Der Befehl FRAMESET COLS (cols = columns = Spalten) legt fest, dass die nachfolgenden Angaben die Eigenschaften vertikal ausgerichteter Frames bestimmen. Für die Prozentangaben gilt das Gleiche wie bei horizontaler Aufteilung.

Sie können die Breite bzw. Höhe der Frames nicht nur in Prozent des Anzeigebereichs angeben, sondern auch absolut in Form von Pixelwerten. Da Sie in diesem Falle nicht wissen, wie groß der Bildschirm Ihres Besuchers ist, sollten Sie eine variable Größe vorsehen. Benutzen Sie dazu den Platzhalter „*", der hier heißt: Dieser Frame soll den gesamten Rest des Anzeigebereichs umfassen. Demnach würde

```
<FRAMESET ROWS="50,*,100">
```

ein Fenster definieren, bei dem der obere Rahmen 50 Pixel, der untere von dreien 100 Pixel breit ist und sich dazwischen ein Frame befindet, der die restliche Breite einnimmt.

10.1.3 Gemischte Ausrichtung der Frames

Nehmen wir an, Sie möchten eine linke Spalte als Frame definieren, die relativ schmal ist und rechts davon ein breites Fenster, bei dem jedoch oben ein schmaler Streifen als unabhängiger Rahmen stehen bleibt (Bild 10.4).

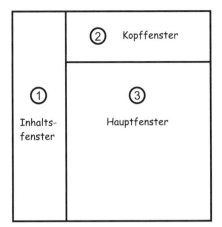

Bild 10.4:
Frame-Konstruktion mit drei Rahmen

Die folgenden Zeilen zeigen den HTML-Code, wie er für die Definition erforderlich ist. Auch hier beschäftigen wir uns zunächst nur mit der Struktur und noch nicht mit den Inhalten.

```
<FRAMESET COLS="30%,70%">
   ... Inhalt des ersten Frames ...
   <FRAMESET ROWS="20%,80%">
      ... Inhalt des zweiten Frames ...
      ... Inhalt des dritten Frames ...
   </FRAMESET>
</FRAMESET>
```

Was haben wir hier gemacht? Zunächst wird der gesamte Anzeigebereich in zwei Spalten unterteilt, wobei die erste 30% und die zweite Spalte 70% des Bildschirms ausmacht. Darunter wird später der Inhalt der linken Spalte bestimmt. Statt nun auch den Inhalt des rechten Rahmens anzugeben, wird ein neues Frameset definiert und damit dem Browser zu verstehen gegeben, dass das rechte Fenster noch einmal unterteilt werden muss. Darunter werden dann wiederum die Inhalte bestimmt. Wichtig ist, dass der Ende-Tag </FRAMESET> zweimal benötigt wird: beide Frame-Definitionen müssen explizit beendet werden. Der Trick liegt also darin, dass man Frameset-Anweisungen beliebig verschachteln kann und gleichzeitig liegt die Gefahr darin, dass man sie zu häufig verschachtelt. Außer für Spezialanwendungen sollten Sie nicht mehr als drei Rahmen definieren.

10.1.4 Frames mit Inhalten füllen

Bisher haben wir die Inhalte der Frames nur durch Platzhalter angedeutet, jetzt wollen wir diese Inhalte auch tatsächlich bestimmen. Hier gibt es eine Besonderheit zu beachten: Die Inhalte werden direkt hinter dem <FRAMESET> angegeben, indem auf eine andere Datei verwiesen wird! Diese Datei muss separat erstellt werden. Im Folgenden wird erklärt, welche Inhalte zu Beginn angezeigt werden sollen. Die Veränderungen im dynamischen Fenster werden weiter unten erläutert.

Nehmen wir an, wir hätten eine HTML-Datei mit dem Namen Inhalt.htm, die im linken Frame 1 erscheinen soll, und eine Datei namens Kopf.htm, die quasi als Kopf fungieren soll und in Frame 2 dargestellt werden soll. Im Frame 3, das ist in diesem Fall unser Arbeitsrahmen oder auch dynamischer Rahmen, soll zu Beginn eine Datei namens TourRishiri.htm erscheinen. Fügen Sie diese Zeilen, eventuell auf Ihre Anwendung angepasst, wie oben besprochen im *FrontPage Express* unter ANSICHT ♦ HTML an der richtigen Stelle zwischen </HEAD> und </HTML> ein. Die Definition hätte wie folgt auszusehen:

```
<FRAMESET COLS="25%,75%">
   <FRAME SRC="Inhalt.htm" NAME="InhaltsFenster">
   <FRAMESET ROWS="20%,80%">
      <FRAME SRC="Kopf.htm" NAME="KopfFenster">
      <FRAME SRC="TourRishiri.htm" NAME="HauptFenster">
   </FRAMESET>
   <NOFRAMES>
   <BODY BGCOLOR="#FFFFFF">
   <P>Leider unterstützt Ihr Browser keine Frames, Sie
   können sich daher die Wandertouren nicht einzeln
   ansehen. Sorry!</P>
   </BODY>
   </NOFRAMES>
</FRAMESET>
```

Als Inhalt wird hier unter Verwendung des Befehls FRAME SRC (frame = Rahmen, src = source = Quelle) ausgewählt. Diese Dateien haben Sie vorher auf normalem Wege mit *FrontPage Express* erstellt, am besten schon im Hinblick auf ihre spätere Verwendung innerhalb eines Rahmens. Außerdem müssen Sie für jeden Rahmen einen Namen vergeben, um Verweise von einem Frame auf einen anderen zuzulassen. Wir kommen gleich darauf zurück. Verwenden Sie dazu das Schlüsselwort `NAME=`, gefolgt von einem griffigen Namen für dieses Fenster, eingefasst in Anführungsstrichen. Vergessen Sie nicht, am Ende mit einer eckigen Klammer die Bestimmung des Inhalts abzuschließen.

Wenn Sie sich sicher sind, alles richtig geschrieben zu haben, bestätigen Sie mit OK und kehren zurück zum Hauptfenster von *FrontPage Express*. Jetzt sehen Sie auch, dass *FrontPage Express* ein Browser ist, der keine Frames anzeigen kann, denn alles, was Sie von Ihrer tollen Konstruktion sehen können, ist der Teil, den Sie für nicht-Frame-fähige Browser vorgesehen haben.

Die Datei wird unter einem Namen abgespeichert, der uns daran erinnert, dass hier lediglich die Definition der Frames aufbewahrt wird. Ich habe sie `WanderFrames.htm` genannt.

Zur Kontrolle Ihrer Arbeit müssen Sie nun den *Microsoft Internet Explorer Browser* aufrufen und über DATEI ♦ ÖFFNEN die soeben erstellte Datei mit Ihren Frame-Definitionen laden. In meinem Fall sieht das ganze Gebilde aus wie in Bild 10.5 gezeigt.

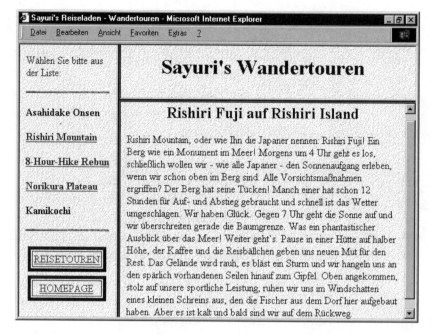

Bild 10.5:
Drei Frames in der Ansicht des Internet Explorer Browsers

10.1.5 Hyperlinks von Frame zu Frame

Leider funktioniert mit unserem derzeitigen Wissen die tolle Konstruktion noch nicht. Wie bei normalen Webseiten auch, müssen in dem linken Fenster mit den Navigations-Begriffen noch Hyperlinks gesetzt werden. Normale Hyperlinks kann man hier nicht verwenden, denn die würden ja die Seite im aktuellen Rahmen anzeigen. Genau das möchten wir aber nicht! Statt dessen müssen wir nun dem Text 8-HOUR-HIKE REBUN mitteilen, dass es ein Hyperlink sein soll, der im Hauptfenster (!) die Datei `TourRebun.htm` anzeigen soll. Gehen Sie dazu wie folgt vor:

☑ Öffnen Sie die Datei, in der die Hyperlinks definiert werden sollen, in unserem Beispiel also `Inhalt.htm`, und am besten auch die Datei, auf die verwiesen werden soll, hier also `TourRebun.htm`.

☑ Wählen Sie die Datei `Inhalt.htm` aus, und markieren Sie das Wort bzw. den Text, der zu einem Hyperlink werden soll und später mit der Maus anklickbar sein wird.

- ☑ Wählen Sie dann EINFÜGEN ♦ HYPERLINK, drücken Sie alternativ [Strg]+[K], oder klicken Sie auf die entsprechende Schaltfläche auf der Standard-Symbolleiste.

- ☑ In dem sich öffnenden Dialogfeld wählen Sie die Seite aus, auf die verwiesen werden soll (hier sind die Titel der Seiten angegeben) (Bild 10.6).

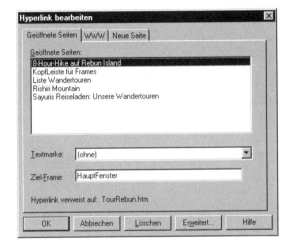

Bild 10.6:
Hyperlinks bei Frame-Konstruktionen

- ☑ Und jetzt kommt es drauf an: Im Feld ZIEL-FRAME müssen Sie angeben, in welchem der Frames die neue Seite angezeigt werden soll! Benutzen Sie dazu den Namen, den Sie oben bei der Definition der Frames vergeben haben. Bestätigen Sie mit OK,

- ☑ definieren Sie gegebenenfalls noch die anderen Hyperlinks, und

- ☑ überprüfen Sie das Ergebnis wiederum mit dem *Internet Explorer Browser*.

Achten Sie auf Groß- und Kleinschreibung!

Wenn Sie den Namen des Ziel-Frame nicht exakt so schreiben, wie Sie es bei der Definition des Framesets gemacht haben, öffnet sich im *Internet Explorer Browser* ein ganz neues Fenster, und Sie bekommen den Inhalt nicht wie gewünscht im rechten dynamischen Rahmen angezeigt! Dabei kommt es auch auf Groß- und Kleinschreibung an!

Wenn Sie eine Datei haben, die wie in meinem Fall ausschließlich Hyperlinks enthält, die immer in ein und demselben Rahmen erscheinen sollen, dann können Sie auch die Standardeinstellung entsprechend verändern.

- ☑ Öffnen Sie dazu die Datei, in der die Hyperlinks definiert werden sollen.

- ☑ Wählen Sie den Befehl DATEI • SEITENEIGENSCHAFTEN, schreiben in das Feld STANDARD-ZIEL-FRAME den Namen Ihres dynamischen Fensters (siehe Bild 10.7), und

- ☑ bestätigen Sie mit OK.

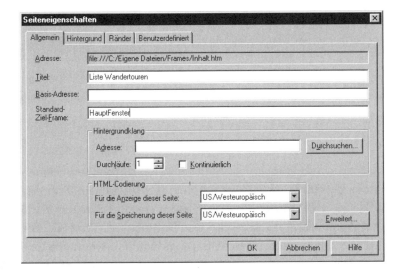

Bild 10.7:
Standard-Ziel-Frame
in den Seitenein-
stellungen setzen

Die Angabe eines Standard-Ziel-Frames bewirkt, dass alle Hyperlinks, die auf dieser Seite definiert werden, immer in dem Rahmen angezeigt werden, der den genannten Frame-Namen trägt. Sie brauchen dann nicht immer einzeln den Ziel-Frame einzugeben.

10.1.6 Die Eigenschaften des Rahmens

Jedem der Rahmen kann eine Reihe von Eigenschaften zugewiesen werden, wobei ich Ihnen an dieser Stelle allerdings nur einige wichtige vorstellen werde. Wenn Ihnen diese Auswahl irgendwann nicht mehr reicht, empfehle ich Ihnen, sich eine vollständige HTML-Referenz zu besorgen. Mit Ihrem bis hierhin angesammelten Wissen können Sie leicht verstehen, wie Sie weitere Möglichkeiten integrieren können.

Die Sichtbarkeit der Rahmenbegrenzungen

So wie es manchmal sinnvoll ist, auf einer Web-Page blinde Tabellen einzusetzen (siehe Kap. 5.4), so kann es auch Gründe dafür geben, die Begrenzungen Ihrer Frames unsichtbar zu gestalten. Etwa, wenn Sie aus gestalterischen Gründen nicht drei erkennbare Rahmen, sondern eine einheitliche Darstellung möchten, aus technischen Gründen zur Verbesserung der Navigation jedoch auf

Frames nicht verzichten wollen. Da die Browser von *Netscape* und *Microsoft* unterschiedliche Befehle dafür vorsehen, müssen Sie vorsichtshalber das ganze Repertoire angeben. Die Bestimmung der Rahmendicke erfolgt schon bei der Definition des Framesets. Das sollte zum Beispiel so aussehen:

```
<FRAMESET COLS="25%,75%" BORDER=0 FRAMEBORDER=0 FRAMESPACING=0>
```

Die einzelnen Anweisungen werden einfach durch Leerzeichen voneinander getrennt. Obige Definition unterdrückt den Rahmen vollständig. Die Zahl hinter BORDER (= Rahmen) und FRAMESPACING (spacing = Abstand) gibt die Breite des Rahmens in Pixel an, Sie können hier folglich auch breitere Rahmen wählen, wenn Sie dies wünschen. Die Zahl hinter FRAMEBORDER ist 0, wenn ein 3D-Rahmen angezeigt werden soll und 1, wenn dieser unterdrückt werden soll. Die Definition gilt immer für das aktuelle Frameset und alle darunter verschachtelten Framesets. Bedenken Sie, dass der Benutzer die Größe der Frames nicht verändern kann, wenn sie wie oben vollständig ausgeschaltet sind!

Vom Benutzer zu verändernde Rahmengröße

Wenn Sie nichts anderes bestimmen, dann kann sich der Benutzer die Größe der Frames auf seinem Bildschirm so einstellen, wie er es gerne möchte. Das ist auch prinzipiell gut so, denn Sie kennen den Computer Ihres Gastes ja nicht. Manchmal kann es allerdings auch sein, dass Sie sicherstellen möchten, dass die Größe nicht geändert werden kann. In diesem Falle hängen Sie wie folgt das Wort NORESIZE an die Frame-Beschreibung:

```
<FRAME SRC="inhalt.htm" NAME="InhaltsFenster" NORESIZE>
```

Der Benutzer kann nun mit der Maus die Abmessungen des Fensterrahmens nicht mehr verändern.

Bildlaufleiste ausblenden

Der *Internet Explorer Browser* blendet die Bildlaufleiste automatisch ein, wenn der Inhalt nicht vollständig im angegebenen Rahmen anzuzeigen ist. Sie können diese Option unterbinden, wenn

Sie sicherstellen möchten, dass der Benutzer keine Möglichkeit zum Benutzen der Bildlaufleiste erhalten soll. Denkbar wäre zum Beispiel, dass in einem Rahmen nur ein kleines Bild als Logo angezeigt werden soll. Prinzipiell ist es aber besser, im Bedarfsfall Bildlaufleisten zuzulassen. Die Unterdrückung erfolgt bei der Definition des Frames, indem Sie zum Beispiel schreiben:

```
<FRAME SRC="Kopf.htm" NAME="KopfFenster" SCROLLING=no>
```

10.2 Formulare erstellen

Formulare haben Sie bestimmt schon häufiger auf Webseiten im Internet gesehen. Sie werden zum Beispiel eingesetzt, um Anwendern eine Suche in Datenbanken zu ermöglichen. Auch bei Bestellungen und Umfragen setzt man Formulare ein.

Manche Umfrageformulare sind ganz schön lästig, weil sie Tod und Teufel vom Besucher wissen möchten. Bei solch einer Art von Formular muss der Autor tunlichst darauf achten, dass er seine „Opfer" ausreichend motiviert, etwa durch eine Belohnung, zumindest durch ein benutzerfreundliches und ansprechendes Design.

Natürlich sollen auch solche Formulare nett gestaltet sein, bei denen der Besucher auch Vorteile vom Absenden des ausgefüllten Formulars hat, wie zum Beispiel bei Bestellungen oder Nachfragen.

Das Erstellen von Formularen erfordert etwas Geduld. Um so wichtiger, dass Sie sich erst einmal Gedanken machen, welche Informationen abgefragt werden sollen, und wie seine Struktur aussehen soll, bevor Sie loslegen. So ersparen Sie sich viel Zeit.

Um Formulare zu erstellen, haben Sie in *FrontPage Express* zwei Möglichkeiten. Sie können entweder mit Hilfe des Menüs sich jedes einzelne Formularfeld zusammen suchen, oder Sie nutzen die Formularvorlage oder nehmen die Hilfe des Formularseiten-Assistenten in Anspruch und modifizieren die Vorlagen nach Ihren

Wünschen. Letztere Vorgehensweise geht bestimmt am schnellsten.

Im folgenden Abschnitt soll eine Formatvorlage anhand eines Beispiels verändert werden. Im darauffolgenden Abschnitt wird erklärt, wie Sie sich mit Hilfe der Formularfeld-Befehle das Formular von Grund auf selbst erstellen können.

Doch ganz gleich, wie Sie sich entscheiden; in der HTML-Ansicht wird das Formular immer mit dem Befehl <FORM...> eingeleitet und mit dem abschließenden Tag </FORM> beendet (form = formular = Formular).

10.2.1 Eine Vorlage modifizieren

In Kapitel 8 („Die hilfreichen Assistenten") wurde der Formularseiten-Assistent (8.4) und eine Vorlage für einen Umfragebogen (8.5) vorgestellt. Der Assistent lässt eine Fülle von Variationsmöglichkeiten zu und ist für den Webseiten Autor eine wertvolle Hilfe. Doch auch die Vorlage des Umfragebogens ist sehr nützlich, da in den drei Sektionen alle möglichen Formularfelder vorkommen: Dropdown-Menüs, Texteingabefelder verschiedener Größen, Kontrollkästchen und Optionsfelder sowie Schaltflächen zum Abschicken.

Sie haben mit der Vorlage alles, was Sie brauchen. Und den Text müssen Sie sowieso ändern beziehungsweise eingeben, auch wenn Sie den Assistenten nutzen. Sie können Teile der mit dem Assistenten erstellten Vorlage in die andere hineinkopieren und umgekehrt.

Im folgenden Beispiel dient die Vorlage des Umfragebogens als Ausgangsformular. Öffnen Sie zunächst einmal die Vorlage:

☑ Klicken Sie auf DATEI ♦ NEU, oder tippen Sie [Strg]+[N], und

☑ wählen Sie die Eintragung FRAGEBOGENFORMULAR.

Schauen Sie nun in Ihren Notizen nach, welche Formularfeld-Typen Sie für Ihr Formular benötigen, und schreiben Sie sich jeweils die Kürzel der Sektion auf Ihr Blatt, wo Sie sie finden (z.B. B3, B2,

A1 etc.). Teilen Sie Ihr Formular bei Bedarf auch in Sektionen, nummerieren Sie es durch, oder geben Sie jeder Frage beziehungsweise Aufforderung eine Bezeichnung. Das ist später wichtig.

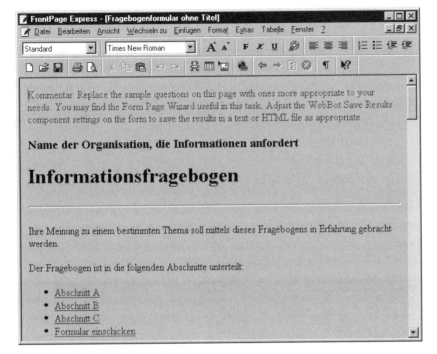

Bild 10.8:
Die Vorlage zum Umfrageformular

Einzeiliges Textfeld

Fangen wir doch einmal mit einem einfachen Formularfeld an, das Sie bestimmt auch für Ihr Formular benötigen: die Adressfelder in Sektion A3. Überschreiben Sie die Aufforderung und die Adressangaben, und bearbeiten Sie den Block:

- **Löschen**: Ist Ihnen ein Feld zuviel, dann markieren Sie die entsprechende Zeile, und löschen Sie es.
- **Verschieben**: Möchten Sie die Reihenfolge ändern, zum Beispiel das kurze Feld für die Postleitzahl über das für den Ort stellen, dann markieren Sie die Zeile und ziehen sie bei gehaltener Maustaste an die gewünschte Position.
- **Kopieren**: Benötigen Sie ein zusätzliches Feld, zum Beispiel für die Telefonnummer, die Sie gerne abfragen wollen, dann

markieren Sie eine Zeile und verschieben sie an die gewünschte Position, während Sie die [Strg]-Taste gedrückt halten.
- **Feldlänge verändern**: Klicken Sie auf ein Textfeld, dann erscheinen an den Seitenrändern Ziehpunkte. Packen Sie den rechten, mittleren Ziehpunkt, und ziehen Sie das Feld bei gehaltener Maustaste kürzer oder länger.
- **Textfelder nach rechts verschieben**: Reicht für ein längeres Wort der vorgesehene Platz nicht aus, schiebt *FrontPage Express* das entsprechende Textfeld nach links. Somit ist es mit den anderen Feldern nicht mehr bündig und sieht unschön aus. Wenn Sie die Schriftart (Courier New) der Vorlage belassen, dann können Sie die Felder getrost mit Hilfe von Leerzeichen verschieben. Wählen Sie hingegen eine Proportionalschrift, dann empfiehlt es sich, mit einer blinden Tabelle zu arbeiten.

Und so könnte dieser Adressblock nach seiner Anpassung aussehen:

Bild 10.9:
Der Adressblock vorher (oben) und nachher (unten) (A3)

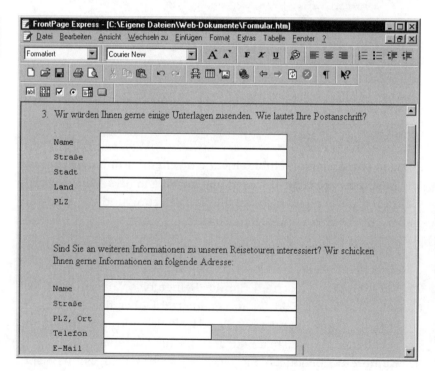

Jetzt sieht der Adressblock in der Editor-Ansicht vollständig aus. Doch nun müssen die Eigenschaften der Vorlage noch geändert werden, damit die Daten richtig verarbeitet werden können. Die Einstellungen müssen für jedes einzelne Feld durchgeführt werden.

☑ Klicken Sie das erste Textfeld an, und

☑ öffnen Sie das Dialogfeld TEXTFELD-EIGENSCHAFTEN. Dazu verwenden Sie den Befehl BEARBEITEN ♦ FORMULARFELDEIGENSCHAFTEN, tippen Sie die Tastenkombination [alt]+[↵], oder doppelklicken Sie einfach auf eine beliebige Stelle eines Formularfeldes.

Bild 10.10:
Die Eigenschaften für die Textfelder festlegen

☐ Unter NAME geben Sie eine Bezeichnung des Textfeldes ein, zum Beispiel Adresse_Tel. (Ich habe den Adressblock Adresse benannt, der zweite Teil (Tel) nach dem Tiefstrich gibt an, was vom Besucher in das Textfeld eingegeben werden soll.) Der Name ist wichtig, um später die verschiedenen Eingabewerte den entsprechenden Feldern zuzuordnen. Er erscheint nicht auf der Formularseite. Der Name darf keine deutschen Umlaute und keine Leerzeichen enthalten.

☐ Im Feld AUSGANGSWERT können Sie optional etwas hineinschreiben, wenn Sie im Textfeld bereits einen bestimmten Anfangstext stehen haben möchten. Für das Textfeld TELEFON habe ich nach fünf Leerzeichen ein Schrägstrich eingegeben. Für die meisten Textfelder macht ein Anfangstext keinen Sinn, lassen Sie es dann frei.

☐ Alternativ zum Mausverfahren können Sie auch einen Wert bei BREITE (IN ZEICHEN) eingeben, um die Größe des Textfeldes festzulegen.

☐ Möchten Sie kein Kennwort verwenden, lassen Sie das Optionsfeld NEIN zu KENNWORTFELD aktiviert.

Nachdem Sie die Eigenschaften jedes einzelnen Textfeldes geändert haben, können wir uns einmal die HTML-Ansicht dazu ansehen. Hier ein Ausschnitt der Textfelder zu „PLZ, Ort" und „Telefon":

```
<FONT COLOR="#800000" SIZE="4">PLZ,Ort</FONT>
<INPUT TYPE="text" SIZE="33" MAXLENGTH="256"
NAME="Adresse_PLZ_Ort">
<FONT COLOR="#800000" SIZE="4">Telefon</FONT>
<INPUT TYPE="text" SIZE="14" MAXLENGTH="256"
NAME="Adresse_Tel" VALUE="     /">
```

Nach Beschreibung der Schrift für die Angabenaufforderung PLZ, Ort bzw. Telefon folgt das Textfeld, dessen Beschreibung vom alleinstehenden Tag <INPUT ...> eingeklammert wird (input = Eingabe). Dass es sich um ein einzeiliges Texteingabefeld handelt, wird durch TYPE="text" beschrieben (type = Typ, text = Text). SIZE="33" oder SIZE="14" geben die Größe des Eingabefeldes an, die Sie im Editor und der Besucher im Browser sehen (size = Größe). Reicht die Feldlänge aber nicht aus, wird das Feld beim Schreiben auf die maximale Länge von 256 Zeichen (MAXLENGTH="256") verlängert (maxlength = maximal length = maximale Länge). Den Bezeichnername, den Sie intern für das Feld vergeben haben, wird beispielsweise mit NAME="Adresse_Tel" aufgeführt (name = Name). Für das Feld Telefon werden als Ausgangswert fünf Leerzeichen und ein backslash „/" angegeben. In der HTML-Sprache wird das mit VALUE="   /" dokumentiert (value = Wert).

Bildlauffeld

Soll die Eingabemöglichkeit eines Textfeldes etwas umfangreicher sein, wählen Sie ein mehrzeiliges Texteingabefeld, ein sogenanntes Bildlauffeld. Dieses Formularfeld wird meist verwendet, wenn der Besucher um einen Kommentar gebeten wird. C2 bietet in der Vorlage ein Bildlauffeld. Geben Sie im Dialogfeld BILDLAUFFELD-EIGENSCHAFTEN (siehe Bild 10.11) den Name des Formularfeldes an (z.B. Kommentar), bei Bedarf einen Anfangstext und unter BREITE (IN ZEICHEN) und ANZAHL ZEILEN die gewünschten Werte.

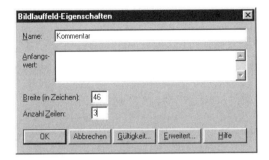

Bild 10.11:
Wie groß soll das Eingabefeld für Kommentare werden?

In HTML wird ein Bildlauffeld mit dem Tag-Paar <TEXTAREA ...</TEXTAREA> dokumentiert (siehe unten). Es wurde im Beispiel mit Kommentar benannt (NAME="Kommentar") und die Anzahl Zeilen (ROWS="3") und Zeichen (COLS="46") festgelegt (row = Zeilen, cols = columns = Anzahl Spalten). Mit der Anzahl Spalten sind die Anzahl Zeichen pro Zeile gemeint. Auch hier wird mit der Festlegung der Größe des Feldes nur die Anzeigegröße des sichtbaren Eingabebereichs bestimmt. Die Länge des Bildlauffeldes ist unbegrenzt.

```
<TEXTAREA NAME="Kommentar" ROWS="3" COLS="46">
</TEXTAREA>
```

Kontrollkästchen

Als nächstes möchte ich eine Liste mit Kontrollkästchen verändern. Dazu bietet sich in der Vorlage die dritte Frage in Sektion B an. Da ich mehr als nur die fünf vorgegebenen Optionen zum Anklicken benötige, erstelle ich zunächst eine blinde Tabelle, um die Optionsliste dreispaltig darstellen zu können. In jede Zelle kopiere ich ein Optionsfeld und ergänze später den Text dazu (siehe Bild 10.12).

Bild 10.12:
Kontrollkästchen in Sektion B3. Original oben, unten in einer blinden Tabelle angeordnet

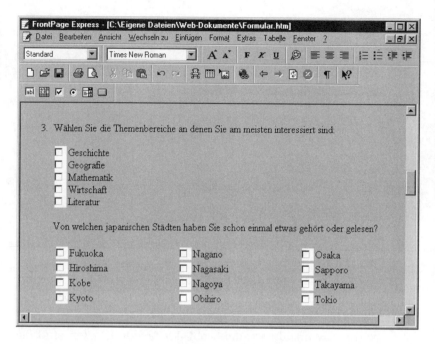

Öffnen Sie auch hier das entsprechende Eigenschaften-Dialogfeld, zum Beispiel durch Doppelklick auf ein Kästchen.

Bild 10.13:
Eigenschaften eines Kontrollkästchens festlegen

☑ Benennen Sie das Kontrollkästchen, und

☑ geben Sie einen Wert ein. Der WERT ist die Benutzereingabe. Hat der Besucher beispielsweise das Kontrollkästchen angeklickt, dann wird sein Name (z.B. `Staedte_Tokio`) dem Wert (z.B. `Tokio`) zugewiesen.

☑ Unter ANFANGSZUSTAND entscheiden Sie, ob das Kontrollkästchen bereits selektiert dem Besucher präsentiert werden soll oder nicht.

Und so sieht das dann in HTML aus:

`<INPUT TYPE="checkbox" NAME=" Staedte_Tokio" VALUE=" Tokio">`*Tokio*

Mit `<INPUT TYPE="checkbox"...>` wird das Formularfeld Kontrollkästchen bezeichnet (checkbox = Kontrollkästchen). In dem Befehl eingeschlossen folgt Ihre Bezeichnung (`NAME=" Staedte_Tokio"`) und der von Ihnen angegebene Wert (`VALUE=" Tokio"`)(value = Wert). Am Schluss der Befehlszeile steht der Text, der bei der Erstellung neben dem Kontrollkästchen platziert wurde (*Tokio*).

Optionsfelder

Diese sind den Kontrollfeldern sehr ähnlich, auch das entsprechende Eigenschaften-Dialogfeld. Nur in HTML beginnt die Zeile mit dem Befehl `<INPUT TYPE="radio"` (radio = radio button = kreisrundes Feld = Optionsfeld). Haben Sie ein Optionsfeld vorselektiert, dann heißt es statt `NAME="..."`, `CHECKED NAME="..."` (checked = angekreuzt, mit Häkchen versehen).

`<INPUT TYPE="radio" NAME="Bewertung" VALUE="gut">`*gut*

Dropdown-Menü

Wenn Sie nicht zufällig nach der Farbe der Lieblingssocken (Sektion B2 in der Vorlage) oder nach bestimmten Monaten (Sektion C3) fragen möchten, müssen Sie die Eintragungen dieser Menüs durch andere ersetzen. Doppelklicken Sie auf das Dropdown-Menü, so öffnet sich das Dialogfeld zu DROPDOWN-MENÜ-EIGENSCHAFTEN. Alternativ können Sie auch über BEARBEITEN ♦ FORMULARFELDEIGENSCHAFTEN oder mit der Tastenkombination [alt]+[↵] das Dialogfeld öffnen.

Bild 10.14:
Die Eintragungen im
Dropdown-Menü
festlegen

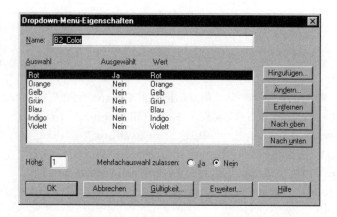

Um das Dropdown-Menü nach Ihren Wünschen zu ändern, führen Sie folgende Schritte aus:

☑ Benennen Sie zunächst im Feld NAME das Menü.

☑ Löschen Sie nun die Liste der Eintragungen, indem Sie siebenmal auf die Schaltfläche ENTFERNEN klicken.

☑ Klicken Sie nun auf HINZUFÜGEN. Das Dialogfeld AUSWAHL HINZUFÜGEN erscheint.

Bild 10.15:
Geben Sie Ihre
Listeneinträge für das
Dropdown-Menü ein

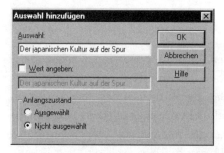

☑ Tippen Sie Ihren ersten Listeneintrag in das Feld AUSWAHL ein. Der Eintrag wird automatisch auch für den Eintrag WERT übernommen. Möchten Sie einen anderen Wert angeben, aktivieren Sie das Kontrollkästchen WERT ANGEBEN und geben einen anderen Wert ein.

- Legen Sie in der Gruppe ANFANGSZUSTAND fest, ob der Menüeintrag ausgewählt sein soll oder nicht (es kann nur einer der Einträge selektiert sein).

- Bestätigen Sie mit OK, und

- wiederholen Sie den Vorgang, bis Sie alle Menüoptionen eingegeben haben. Mit den Schaltflächen ENTFERNEN, ÄNDERN, NACH OBEN und NACH UNTEN können Sie die Liste bearbeiten.

- Legen Sie die HÖHE des Menüfeldes fest. Belassen Sie die Höhe bei 1, dann wird nur der erste Eintrag angezeigt. Möchten Sie, dass für den Benutzer alle Einträge sichtbar sind, ohne dass er das Menü aufklappen muss, dann geben Sie die Anzahl Einträge in das Feld HÖHE ein.

- Entscheiden Sie unter MEHRFACHAUSWAHL ZULASSEN, ob der Benutzer mehrere Menüeinträge gleichzeitig selektieren darf.

- Klicken Sie auf OK, um die Änderung des Dropdown-Menüs gültig zu machen.

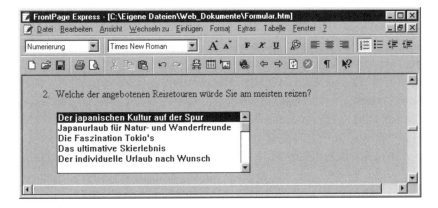

Bild 10.16:
Das „neue"
Dropdown-Menü

Formulare erstellen **221**

Lassen Sie uns noch einen Blick auf die HTML-Ansicht werfen:

```
<SELECT NAME="Reisetour" SIZE="5">
    <OPTION SELECTED>Der japanischen Kultur auf der Spur
    </OPTION>
    <OPTION>Japanurlaub für Natur- und Wanderfreunde
    </OPTION>
    ...
</SELECT>
```

Dropdown-Menüs werden mit dem Container-Tag `<SELECT ...>` `...</SELECT>` definiert. Nach der Bezeichnung (`NAME="Reisetour"`) wird mit `SIZE="5"` der von Ihnen unter HÖHE eingetippte Wert angegeben. In diesem Beispiel werden alle fünf Einträge gezeigt. Eigentlich spricht man in diesem Fall eher von einer Auswahlliste als von einem Dropdown-Menü. Die Einträge im Dropdown-Menü werden vom Befehl `<OPTION>...</OPTION>` eingeschlossen (option = Auswahlmöglichkeit). Da die erste Option im Menü markiert ist, steht im Quelltext `OPTION SELECTED` (selected = ausgewählt).

Schaltflächen

Damit der Benutzer das ausgefüllte Formular bequem zu Ihnen schicken kann, finden Sie am Ende der Vorlage im Abschnitt FORMULAR EINSCHICKEN zwei Schaltflächen. Doppelklicken Sie auf eine der Schaltflächen, öffnet sich das Dialogfeld SCHALTFLÄCHEN-EIGENSCHAFTEN (siehe Bild 10.17). Überschreiben Sie im Feld NAME `Submit` bzw. `Reset` mit `abschicken` bzw. `zurücksetzen`. Belassen Sie im Feld WERT/BESCHRIFTUNG die Eintragung `Formular abschicken` (linke Schaltfläche) beziehungsweise `Formular zurücksetzen` (rechte Schaltfläche). Klickt der Benutzer auf die Schaltfläche `Formular zurücksetzen`, werden alle Feldeinträge im Formular gelöscht. Klickt er auf `Formular abschicken`, erhalten Sie die gewünschten Informationen.

Bild 10.17:
Die Schaltfläche
Abschicken benennen

In HTML werden diese beiden Schaltflächen mit je einer Zeile beschrieben (siehe unten). `<INPUT TYPE="submit"...>` definiert die Schaltfläche, die das Formular absendet (input type = Eingabe-Typ, submit = einreichen). `<INPUT TYPE="reset"...>` lässt alle zuvor eingegebenen Einträge löschen (reset = zurücksetzen). Die Bezeichnung der Schaltflächen wird mit `VALUE="..."` angegeben.

```
<INPUT TYPE="submit" NAME="Submit" VALUE="Abschicken">
<INPUT TYPE="reset" NAME="Reset" VALUE="Alles löschen">
```

Von einer anderen Vorlage ergänzen

Gibt es einen Fragetyp, den Sie in dieser Vorlage nicht wiederfinden, dann können Sie diesen mit Hilfe des Formular-Assistenten erstellen und ihn über die Zwischenablage ohne Probleme in Ihr Formular einfügen.

Möchten Sie zum Beispiel einige Boolesch-Fragen stellen (das sind diese Entweder-Oder-Fragen, die man mit Ja/Nein oder Wahr/Falsch beantwortet) oder etwas anderes für Ihr Formular verwenden, das Sie mit dem Formular-Assistenten erstellt haben, dann führen Sie folgende Schritte aus:

- ☑ Öffnen Sie den Formularseiten-Assistenten (DATEI ♦ NEU, FORMULARSEITEN-ASSISTENT, OK).

- ☑ Wählen Sie wie in Kapitel 8.4 beschrieben den oder die gewünschten Eingabetypen aus, bearbeiten Sie eventuell die Liste, und klicken Sie in diesem Dialogfeld auf FERTIGSTELLEN. Der Assistent erstellt die entsprechende Vorlage.

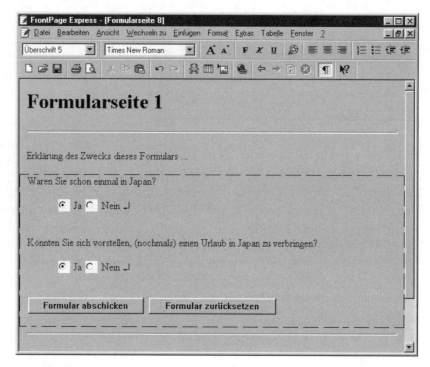

Bild 10.18:
Eine Vorlage für zwei Boolesch-Fragen vom Assistenten erstellen lassen

- ☑ Kopieren Sie die gewünschten Bereiche in die Zwischenablage (über BEARBEITEN ♦ KOPIEREN, der Schaltfläche KOPIEREN oder [Strg]+[C]).

- ☑ Springen Sie zurück zum Dokument, in dem Sie die Erstellung des Formulars begonnen hatten (über WECHSELN ZU ♦ ZURÜCK oder das FENSTER-Menü), und

- ☑ fügen Sie die Textpassage an gewünschter Stelle ein (über BEARBEITEN ♦ EINFÜGEN, der Schaltfläche EINFÜGEN oder [Strg]+ [V]).

Formular fertigstellen

Nachdem Sie Überschriften, Einleitungen, Hyperlinks, Fußnote und Zweck des Formulars ergänzt, die Reihenfolge der verschiedenen Fragen nach Ihren Wünschen umgestellt, das Formular bei Bedarf durchnumeriert, einen Lauftext mit dem Versprechen eines Preises eingefügt und Zeichenelemente formatiert haben, entscheiden Sie sich vielleicht noch für eine Graphik oder einen schöneren Hintergrund. Folgendes Bild (10.19) zeigt einen Ausschnitt des fertiggestellten Umfrageformulars:

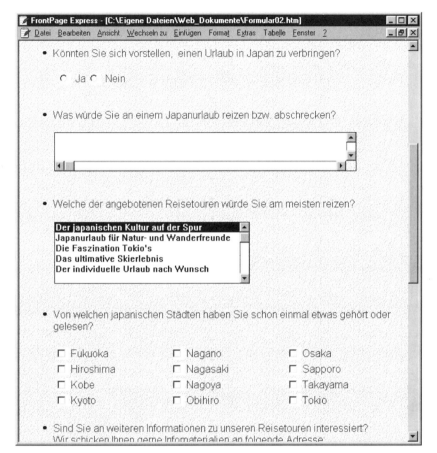

Bild 10.19:
Der Mittelteil des fertigen Formulars

10.2.2 Die Formularfeld-Befehle

☑ Möchten Sie Ihre Vorlage ergänzen oder von Grund auf selbst zusammenstellen, bietet *FrontPage Express* die entsprechenden Befehle an. Um die Optionen zu selektieren, wählen Sie EINFÜGEN • FORMULARFELD, oder Sie nutzen die FORMULAR-SYMBOLLEISTE, die Sie im Menü zu ANSICHT aktivieren können.

Die Vorgehensweise ist immer ähnlich.

- ☑ Positionieren Sie die Eingabemarke an der Stelle, an der Sie das Formularfeld einfügen möchten, und

- ☑ wählen Sie die gewünschte Option. Das Formularfeld wird eingefügt.

- ☑ Öffnen Sie das dazugehörige EIGENSCHAFTEN-Dialogfeld über das Kontextmenü oder BEARBEITEN ♦ FORMULARFELDEIGENSCHAFTEN oder einfach per Doppelklick. (Siehe dazu auch vorhergehenden Abschnitt „Eine Vorlage modifizieren".)

> **Nur innerhalb des gestrichelten Rahmens**
>
> Haben Sie ein Formularfeld eingefügt, sehen Sie, dass es von einer gestrichelten Linie umgeben wird (wenn in ANSICHT die Option FORMATIERUNGSCODE aktiviert ist). Möchten Sie nun ein zweites Feld einfügen, sollte sich die Eingabemarke innerhalb des Rahmens befinden, weil Sie sonst ein zweites Formular einrichten. Diese Linie wird im Webbrowser nicht angezeigt und dient nur zu Ihrer Orientierung.

Sie werden schnell merken, dass es doch bequemer ist, eine Vorlage zu ändern, als das Formular sozusagen „zu Fuß" ganz von Anfang an zu erstellen. Aber probieren Sie es für sich aus.

10.2.3 Die Ergebnisse speichern

In Kapitel 8 ging es beim Formularseiten-Assistenten am Schluß auch schon um das Speichern von Ergebnissen. Wo sollen die Antworten der Benutzer landen? Haben Sie eine vorgegebene

Vorlage wie den Umfragebogen verwendet oder das Formular selbst mit Hilfe der Formularfeld-Befehle erstellt, müssen Sie nun festlegen, wie und wo Sie die Antworten speichern möchten.

Klicken Sie mit der rechten Maustaste an irgendeine Stelle innerhalb des Formularrahmens, und selektieren Sie im Kontextmenü die Option FORMULAREIGENSCHAFTEN. Im Dropdown-Menü der Gruppe BEHANDLUNGSROUTINE FÜR FORMULARE sehen Sie fünf Eintragungen. Die üblichste ist die WEBBOT-KOMPONENTE "ERGEBNISSE SPEICHERN", auf die ich mich in diesem Buch auch beschränken möchte.

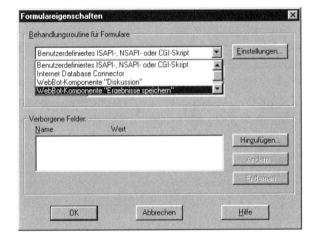

Bild 10.20:
Ergebnisse speichern

Diese Formular-Behandlungsroutine empfängt die zugeschickten Daten und speichert sie in Dateien (Text-, HTML- oder Datenbank). Klicken Sie nun auf die Schaltfläche EINSTELLUNGEN, um das Dialogfeld mit dem langen Namen EINSTELLUNGEN FÜR DIE SPEICHERUNGEN DER ERGEBNISSE DIESES FORMULARS zu öffnen. Im ersten Registerblatt ERGEBNISSE legen Sie Dateiname und Format fest.

Bild 10.21:
Einstellungen für die
Ergebnisse tätigen

- ☑ Geben Sie in das Textfeld DATEI FÜR DIE ERGEBNISSE den Namen der Ergebnisdatei an, in der die Antwortdaten gespeichert werden sollen, und

- ☑ selektieren Sie für sie im Dropdown-Menü DATEIFORMAT das gewünschte Format.

- ☑ Aktivieren Sie das Kontrollkästchen ZU FELDNAMEN IN AUSGABE EINSCHLIEßEN, so wird in der Ergebnisdatei für jedes einzelne Feld der Name dem Wert angegeben.

- ☑ In der Gruppe ZU SPEICHERNDE ZUSATZINFORMATION entscheiden Sie, welche Informationen Sie über den Benutzer gespeichert haben möchten.

Nachdem der Benutzer ein ausgefülltes Formular weggeschickt hat, erhält er eine Bestätigungsseite. *FrontPage Express* hält eine für Sie bereit. Möchten Sie dem Benutzer lieber eine individuelle Bestätigungsseite zusenden, dann geben Sie im nächsten Registerblatt BESTÄTIGEN im Textfeld URL DER BESTÄTIGUNGSSEITE (OPTIONAL) den Pfad Ihrer Bestätigungsdatei an.

Das dritte Registerblatt ERWEITERTE OPTIONEN ermöglicht es Ihnen, die Ergebnisdatei zusätzlich unter einem anderen Format abzuspeichern, wenn Sie beispielsweise die Daten auch in einer Datenbank verwenden möchten.

10.3 WebBot-Komponenten – die kleinen Helfer

WebBot-Komponenten, auf der Schaltfläche durch den kleinen Roboter symbolisiert, sind die kleinen Helfer, die bestimmte Verfahren automatisieren und aktuelle Informationen einfügen. Genauer gesagt, greift man auf von Microsoft vorgefertigte Programme zurück, wenn man eine WebBot-Komponente in Anspruch nimmt.

Wir hatten es in den vorherigen Kapiteln schon ab und zu mit WebBot-Komponenten zu tun. Beispielsweise die Kommentare, die Sie in Ihre Webseite eingefügt haben. Sie werden in violetter Schrift dargestellt und sind nur im Editor sichtbar. Auch bei der Erstellung von Formularen sind wir über WebBot-Komponenten gestolpert (z.B. WebBot-Komponenten „Ergebnisse speichern" oder im Bestätigungsformular).

In der HTML-Ansicht beginnen die WebBot-Befehle jeweils mit `<!--WEBBOT BOT="..." STARTSPAN ... -->`

und enden mit:

`<!--WEBBOT BOT="..." i-checksum="..." ENDSPAN -->`
(start = Beginn; span = Abschnitt; end = Ende). Die Befehlszeilen werden jeweils mit dem einleitenden Tag `<!--` und dem abschließenden Tag `-->` eingeschlossen.

In dem folgenden Abschnitt erfahren Sie, wie Sie drei weitere nützliche WebBot-Komponenten in Ihre Webseite einfügen können. Öffnen Sie dazu das Dialogfeld WEBBOT-KOMPONENTE EINFÜGEN, indem Sie auf die entsprechende Schaltfläche klicken oder EINFÜGEN ♦ WEBBOT-KOMPONENTE wählen.

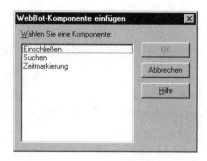

Bild 10.22: Eine WebBot-Komponente einfügen

10.3.1 Einschließen

Diese WebBot-Komponente ist sehr nützlich, wenn Ihr Webangebot aus mehreren Webseiten besteht. Denn mit Hilfe dieser Komponente können Sie die Inhalte einer Webseite auf eine andere übertragen. Das ist vor allem für einen Seitenkopf interessant, den Sie nur einmal erstellen müssen. Im Gegensatz zu einer Musterseite werden Änderungen, die Sie später durchführen, dann automatisch auf allen Seiten ausgeführt, die Sie eingeschlossen hatten.

Um eine Seite einzuschließen, führen Sie folgende Schritte aus:

☑ Möchten Sie nicht eine gesamte Seite einschließen, dann kopieren Sie den gewünschten Teil (zum Beispiel den Seitenkopf) erst einmal in eine neue Datei.

☑ Öffnen Sie Ihre Seite, in die Sie den Inhalt einfügen möchten, und

☑ positionieren Sie den Cursor an die gewünschte Stelle.

☑ Öffnen Sie das Dialogfeld WEBBOT-KOMPONENTE einfügen (siehe Bild 10.22), und wählen Sie die Option EINSCHLIEßEN. Es erscheint das Dialogfeld EIGENSCHAFTEN: WEBBOT-KOMPONENTEN "EINSCHLIEßEN".

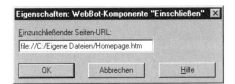

Bild 10.23:
Tippen Sie die Adresse der gewünschten Datei ein

In das Feld EINZUSCHLIEßENDE SEITEN-URL geben Sie nun die vollständige Adresse der Datei ein, beginnend mit `file://`. (Leider fehlt in diesem Dialogfeld die Schaltfläche DURCHSUCHEN.)

Klicken Sie auf OK, wird der einzuschließende Inhalt in die geöffnete Datei eingefügt. (Gibt *FrontPage Express* hingegen eine Fehlermeldung, haben Sie einen Fehler in der Angabe Ihrer URL.)

10.3.2 Suchen

Von dieser WebBot-Komponente können Besucher profitieren, wenn Ihr Webangebot sehr umfangreich ist. Es ist eine kleine Suchmaschine, mit deren Hilfe der Besucher nach bestimmten Zeichen auf all den Seiten Ihres aktuellen Webs suchen lassen kann (aber nur da, nicht im World Wide Web!).

Halten Sie eine solche Komponente für Ihre Webseiten für sinnvoll, dann machen Sie folgendes:

☑ Positionieren Sie den Cursor an die Stelle, an die das Suchfeld eingefügt werden soll.

☑ Wählen Sie im Dialogfeld WEBBOT-KOMPONENTE EINFÜGEN (siehe Bild 10.22) die Option SUCHEN. Es öffnet sich folgendes Dialogfeld:

Bild 10.24:
Die Eigenschaften für
das Suchfeld festlegen

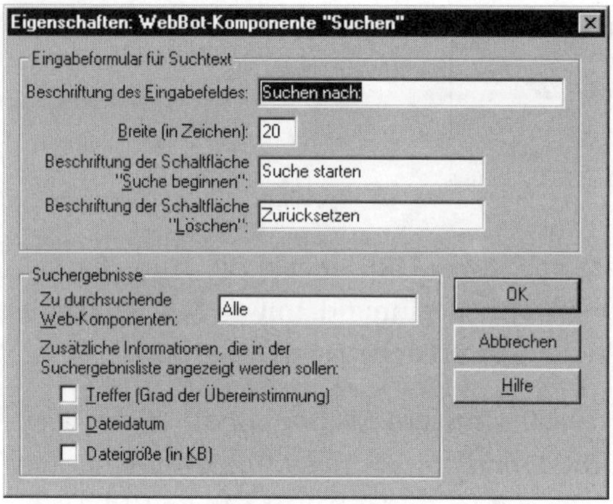

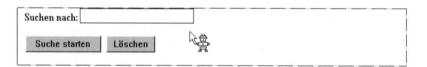

Ändern Sie nach Bedarf den Text in den vorgegebenen Feldern, und geben Sie an, welche zusätzlichen Informationen der Besucher in der ausgegebenen Suchliste erhalten soll.

Bestätigen Sie die Eigenschaften mit OK. Das Suchfeld wird in Ihre Webseite eingefügt.

Bild 10.25:
Das eingefügte Suchfeld mit Robot-Cursor

10.3.3 Zeitmarkierung

Diese WebBot-Komponente fügt das aktuelle Datum und die Uhrzeit in Ihre Webseite ein, zu dem Sie Ihre Seite das letzte Mal bearbeitet haben oder sie automatisch aktualisiert wurde. Letztere Option schließt die letzte Bearbeitung als auch die Änderung der Seitenadresse ein. Sie können nur eine der Optionen auswählen. Wählen Sie in den unteren Dropdown-Menüs DATUMSFORMAT und UHRZEITFORMAT die gewünschten Eintragungen, und bestätigen Sie Ihre Wahl mit OK.

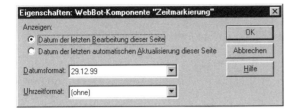

Bild 10.26:
Datum und
Uhrzeit festlegen

10.4 Multimedia gezielt einsetzen

Wie Sie Lauftext und sich bewegende Bilder in Ihre Webseite einfügen können, haben Sie bereits erfahren. Immer aktueller werden im Internet begleitende Musik und Videos, die der Besucher auf einer Webseite zum Teil auch wahlweise per Mausklick aufrufen kann.

Doch zum Einsatz von Multimediaelementen muss auch hier eine Warnung ausgesprochen werden. Natürlich benötigt ein ablaufender Videofilm oder eine Hintergrundmusik ziemlich viel Speicherplatz und entsprechend lange Ladezeiten. Außerdem kommen nicht bei jedem Benutzer diese doch relativ jungen Internetelemente an. Sei es, dass es der Browser nicht anzeigen kann, oder dass eine fehlende Soundkarte es verhindert. Das sollte Sie aber nicht vom Gebrauch von Multimediaelementen abhalten; wenn Sie denken, sie könnten Ihre Webseite sinnvoll unterstützen, sollten Sie diese Möglichkeit auch in Anspruch nehmen.

10.4.1 Hintergrundklang einfügen

Die häufigsten Formate für Audio-Dateien im Web sind der AU-Klang von Sun Microsystem und der Wave-Klang von Microsoft mit den Dateinamenendungen *.au bzw. *.wav. Das Wave-Format hat eine gute Qualität und unterstützt sowohl Mono als auch Stereo. Auch der AIFF-Klang ist üblich. Dieses Format gibt es auch als Kompressionsformate (AIFF-C). Die Dateiendungen lauten *.aif, *.aifc oder *.aiff. Verbreitet ist auch der Midi-Sequencer (*.mid). Diese Datei sendet Anweisungen zu einem elektronischen Sound-Synthesizer, der die Musik dann abspielt. Vorausgesetzt, der

Rechner des Surfers ist mit einem Midi-Player ausgestattet. Der Vorteil vom Midi-Sequencer ist der geringe Dateiumfang.

Um Ihre Audio-Datei in Ihre Webseite einzubetten, können Sie die Befehlsfolge EINFÜGEN ♦ HINTERGRUNDKLANG wählen. Doch folgende Alternative bietet Ihnen zusätzliche Einstellmöglichkeiten:

☑ Öffnen Sie über DATEI ♦ SEITENEIGENSCHAFTEN das gleichnamige Dialogfeld.

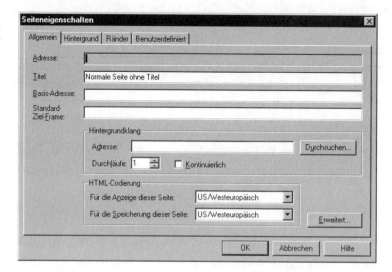

Bild 10.27: Hintergrundklang mit vorgegebener Abspielfrequenz einfügen

☑ Geben Sie im Registerblatt ALLGEMEIN in der Gruppe zu HINTERGRUNDKLANG im Feld ADRESSE die Audio-Datei an, die Sie einfügen möchten.

☑ Klicken Sie das Kontrollkästchen zu KONTINUIERLICH an, wenn die Musik permanent ablaufen soll, oder geben Sie unter DURCHLÄUFE die Anzahl an Wiederholungen an.

☑ Bestätigen Sie Ihre Eintragungen mit OK.

Die Wahl der Hintergrundmusik

Wählen Sie die Musik mit Bedacht aus. Es gibt sehr unterschiedlichen Geschmäcker, was Musik betrifft. Sie wollen niemanden durch Ihre akustische Präsentation abschrecken, sondern im Gegenteil, die Wirkung Ihre Webseite erhöhen. Entsprechendes gilt auch für die Lautstärke und die Abspielfrequenz. Erstellen Sie keine Webseite für Pink Floyd-Fans, sollten Sie besser eine dezente, unaufdringliche Hintergrundmusik auswählen.

10.4.2 Videos einfügen

Haben Sie einen schönen Videoclip, der für den Besucher Ihrer Webseite eine Bereicherung darstellt und den Ladeaufwand rechtfertigt, dann führen Sie folgende Schritte aus:

☑ Öffnen Sie über EINFÜGEN • VIDEO das gleichnamige Dialogfeld.

☑ Geben Sie den Pfad der Videodatei in das vorgegebene Feld AUS DATEI beziehungsweise AUS ADRESSE ein, und

☑ klicken Sie auf OK. Es wird ein Marker auf Ihrer Webseite eingefügt, der die Platzierung und die Größe des Videorahmens angibt.

Im Web werden am häufigsten MPEG-, AVI-Formate und Quicktime von Apple eingesetzt. Die höchsten Kompressionsraten von 1:20 liefern die MPEG-Formate. Das Videoformat AVI wurde von Microsoft entwickelt und erfreut sich zunehmender Beliebtheit, da man die Clips so einstellen kann, dass sie erst abgespielt werden, wenn der Benutzer sie aktiviert. Sie werden Inline-Videos genannt.

Das populärste Format für Video- und Audiodateien ist Quick-Time. Diese Software wurde von Apple Macintosh entwickelt und läuft auch unter Windows. Vorteilhaft ist, dass die meisten Browser das QuickTime-Plugin enthalten, sodass für die meisten Benutzer das lästige, nachträgliche Installieren spezieller Software entfällt.

Auf dem Registerblatt VIDEO im Dialogfeld BILDEIGENSCHAFTEN, das Sie beispielsweise über BEARBEITEN ♦ BILDEIGENSCHAFTEN öffnen, können Sie die Anzahl Wiederholungen angeben und ob das Video beim Öffnen der Datei und/oder durch Aktivierung mit der Maus gezeigt werden soll.

Verwenden Sie ein AVI-Videoformat, sollten Sie auf dem Registerblatt ALLGEMEIN desselben Dialogfeldes fairerweise für Netscape-Surfer unter BILDQUELLE ein Bild einfügen, das dann alternativ als Video-Ersatz gezeigt wird. Und apropos fair: Für Benutzer Ihrer Webseite ist es auch äußerst lukrativ, die Dateigröße Ihres Videoclips zu erfahren.

10.5 CGI-Skripts

CGI steht für Common Gateway Interface und heißt auf deutsch „Allgemeine Vermittlungsrechner-Schnittstelle". Die CGI-Programme liegen im Internet auf einem Server. Sie empfangen Informationen, zum Beispiel ein von einem Benutzer abgeschicktes Formular, und verarbeiten diese Daten so, wie es in dem CGI-Skript festgelegt ist. Die Skripts sorgen für die Interaktion mit dem Server.

CGI-Skripts sind auch immer im Spiel, wenn Sie sich auf einer Webseite in ein Gästebuch eintragen oder eine Suchdatenbank benutzen. Auch wie oft eine Webseite aufgerufen wird, kann vom CGI-Skript erfaßt werden.

Damit Sie keine CGI-Skripts programmieren müssen (das ist gar nicht so einfach, wenn Sie nicht programmiertechnisch versiert sind), stellt *FrontPage Express* WebBot-Komponenten zur Verfügung, die Ihnen das abnehmen, zum Beispiel die WEBBOT-

KOMPONENTE "ERGEBNISSE SPEICHERN". Viele Internetdienstanbieter akzeptieren auch gar keine selbst programmierten CGI-Skripts, da fehlerhafte Programme den Webserver zum Absturz bringen können.

Doch zunächst sollten Sie sichergehen, ob Ihr Internetdienstanbieter Ihnen eine CGI-Schnittstelle zur Verfügung stellt. Das machen nämlich günstige Anbieter in der Regel nicht. Es gibt aber inzwischen viele öffentliche CGI-Dienste im Web, die Anbietern von Webseiten CGI-Möglichkeiten anbieten. Einige Dienste sind kostenlos, andere fordern eine geringe Gebühr. Nach der Registrierung erhalten Sie einen HTLM-Code. Dieser Code ruft ein CGI-Programm auf dem Server des Anbieters auf.

10.6 Von anderen Skripts und Komponenten

Können bestimmte Befehle mit Hilfe von HTML nicht realisiert werden, dann kann man sie mit Befehlen ergänzen, die mit einer anderen Programmiersprache geschrieben wurden. Damit können Sie die Funktionalität des Seiteneditors erheblich erhöhen und die Webseiten professioneller gestalten. Die beiden wichtigsten Skriptsprachen sind *JavaScript* und *Visual Basic Script*. Es sind relativ einfache und schnell zu lernende Sprachen, aber dennoch für einen Anfänger am Anfang sehr verwirrend. In diesem Kapitel sollen daher die Skriptsprachen sowie die Komponenten Java-Applets, Plug-Ins und ActiveX-Steuerelemente nur kurz angesprochen werden.

10.6.1 *JavaScript* und *Visual Basic Script*

Netscape entwickelte speziell zur Ergänzung von HTML-Dokumente die Skriptsprache *JavaScript*, die sich von der umfangreichen Programmiersprache Java ableitet. Microsoft tat es ihnen nach, und entwickelte auf der Grundlage von Visual Basic die Skriptsprache *Visual Basic Script*, kurz *VBScript*. Die Programmiersprachen sind sich beide ähnlich und führen viele Funktionen gleich aus. Doch *VBScript* ist noch so jung, dass es bislang nur von den letzten Versionen des *Internet Explorers* unterstützt wird.

Script heißt Quelltext. Die Skriptbefehle werden im Editor in das HTML-Dokument eingebettet. Ruft ein Benutzer eine solche Webseite auf, werden die Skriptbefehle zusammen mit dem restlichen Inhalt der Webseite vom Browser heruntergeladen und interpretiert. Sie müssen im Gegensatz zu anderen Programmen nicht zuvor vom Autor der Webseite mit Hilfe eines Compilers kompiliert werden (kompilieren = in einen binären Code übersetzen).

Mit Hilfe dieser Skriptsprachen können interaktive Elemente in die Webseite eingefügt werden. Damit bekommt der Benutzer die Möglichkeit, Anwendungen auszuführen. Die Funktionen werden jedoch nicht sofort beim Laden der Webseite vom Browser ausgeführt, sondern erst, wenn der Benutzer sie aufruft, etwa indem er auf eine Schaltfläche oder einen Hyperlink klickt oder eine andere bestimmte Tätigkeit ausführt.

Mit Hilfe der Skriptsprachen können Sie beispielsweise Seitenbesuche mit Cookies (= Kekse) zählen, mathematische Berechnungen durchführen, neue Fenster und Adressen öffnen, Inhalte mehrerer Frames gleichzeitig ändern, Hintergrundklänge abspielen oder Formulare vor dem Abschicken auf Vollständigkeit überprüfen. Sie fungieren auch als Verbindungsglied zwischen Benutzer und Elementen wie ActiveX-Steuerelement und Java-Applets, um die es im nächsten Abschnitt geht.

Um Skriptbefehle in Ihren HTML-Quelltext einzufügen, wählen Sie im Menü zu EINFÜGEN die Option SKRIPT. Klicken Sie im Feld SPRACHE das Optionsfeld VBSCRIPT beziehungsweise JAVASCRIPT an, und geben Sie die Skriptbefehle in das Textfeld ein.

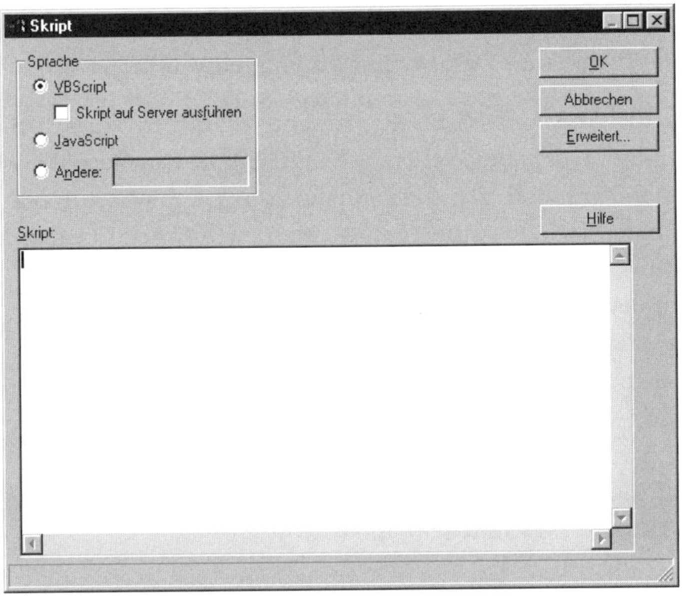

Bild 10.28:
Mit Skriptbefehlen die Funktionalität der Webseite erhöhen

10.6.2 Java-Applets, Plug-Ins und ActiveX-Steuerelemente

Öffnen Sie über EINFÜGEN das Menü zu ANDERE KOMPONENTEN, finden Sie die Optionen ACTIVEX-STEUERELEMENT, JAVA-APPLET und PLUG-IN. Auch diese Elemente wurden entwickelt, um die Funktionalität und Dynamik einer Webseite zu erweitern und sie professioneller zu gestalten.

Java-Applets sind spezielle Java-Programme, die für die Ausführung auf Webseiten entwickelt wurden. Sie sind viel schwieriger zu schreiben als *VBScript* oder *JavaScript*, haben aber ein größeres Anwendungsspektrum. Sie müssen auch im Gegensatz zu den oben genannten Skriptsprachen kompiliert werden. Damit die Webbrowser die Applets lesen können, müssen sie die Java-Applets erkennen, herunterladen und ausführen können. Sowohl *Internet Explorer Browser* als auch *Netscape Navigator* können Java-Applets ausführen.

Beide Webbrowser haben Zusatzinstrumentarien entwickelt, um Programmierern die Möglichkeit zu geben, weitere Befehle zu schreiben und die Medientypen der Browser erweitern zu können.

Beim *Netscape Navigator* wurden aus diesem Grunde Plug-Ins, beim *Internet Explorer* ActiveX-Steuerelemente eingeführt.

Sobald Plug-Ins und ActiveX-Steuerelemente installiert sind, bleiben sie permanent auf dem Webbrowser verfügbar. Ein Vorteil von ActiveX-Steuerelementen ist, dass sie wie Java-Applets automatisch auf Ihr System heruntergeladen werden können. Das geschieht, wenn sie noch nicht installiert wurden oder um die Version zu aktualisieren. Sie können zudem von jeder Programmiersprache und Anwendung verwendet werden, die den OLE-Standard unterstützen, zum Beispiel andere Microsoft-Produkte wie *Excel* oder *Access*. OLE ist die Abkürzung von Object Linking and Embedding, und heißt auf deutsch Objektverknüpfung und -einbettung. Auf diese Funktionen bauen die ActiveX-Steuerelemente auf, die für *Microsoft Windows* optimiert wurden.

Öffnen Sie das Dialogfeld EIGENSCHAFTEN: ACTIVEX-STEUERELEMENT über EINFÜGEN ♦ ANDERE KOMPONENTEN, können Sie im Dropdown-Menü zu WÄHLEN SIE EIN STEUERELEMENT sehen, wie viele verschiedene Steuerelemente Sie in Ihre Webseite einbetten können. Mit dem Steuerelement LABEL OBJECT kann der Webautor zum Beispiel Text in Rotation versetzen, mit dem Element MARQUEECTL OBJECT können Sie nicht nur raffinierten Lauftext vertikal oder diagonal einfügen, sondern auch Bilder über den Bildschirm laufen lassen. In diesem Buch kann jedoch auf diese ActiveX-Steuerelemente nicht näher eingegangen werden.

Auch Plug-Ins sind eine sehr gute Ergänzung zu HTML. Inzwischen gibt es über hundert Plug-Ins, für Spreadsheet-Tabellen über Videos und Audios bis hin zu Trickbildanimationen. Im Gegensatz zu Microsoft's ActiveX-Steuerelemente wurden Plug-Ins lediglich für den Einsatz von Webbrowsern entwickelt. Sie können vom Internet runtergeladen werden. Die meisten stehen kostenlos zur Verfügung.

Um Plug-Ins einzufügen, verwenden Sie den Befehl EINFÜGEN ♦ ANDERE KOMPONENTEN ♦ PLUG-IN. Es erscheint das Dialogfeld PLUG-IN-EIGENSCHAFTEN. In dem Feld DATENQUELLE geben Sie den gewünschten Plug-In an.

11 Die Webseiten fertig erstellt – und nun?

Nun haben Sie Ihre Homepage und eventuell die anderen Webseiten nach Ihren Vorstellungen fertiggestellt. Doch bevor Sie daran denken, sie im World Wide Web zu veröffentlichen, sollten Sie Ihre Webseiten einer gründlichen Inspektion unterziehen.

11.1 Nach Webfehlern suchen

Ein Webangebot mit Fehlern fällt manch einem Webbesucher unangenehm auf, vor allem, wenn Sie mit einem Produkt oder mit einem Dienstleistungsangebot werben. Auch wenn Sie beispielsweise in Ihrem Bewerbungsschreiben auf die Adresse Ihrer persönlichen Webseite hinweisen, sind Fehler wirklich fehl am Platze. Generell gilt: Fehler unterminieren Ihr Werk und schaden Ihrer Glaubwürdigkeit.

Da diese Fehler vermeidbar sind, sollten Sie sich die Zeit nehmen, nach ihnen zu fahnden. Zwei wichtige Fehlertypen gibt es bei der Webseitenpublikation: zum einen die Rechtschreibfehler, wie in jedem geschriebenen Dokument, und zum anderen inkorrekte Verweise.

11.1.1 Rechtschreibfehler aufspüren

Lesen Sie sich die Seiten in Ruhe durch und achten Sie auf Form-, Komma- und Rechtschreibfehler. Dabei hilft es, sich die Seiten auch einmal in ausgedruckter Form anzusehen (siehe Abschnitt 4.5).

Leider bietet *FrontPage Express* keine Rechtschreibprüfung. Sie können aber den Text schnell in ein Programm kopieren, das eine solche Überprüfung anbietet, wie zum Beispiel *Word*. Dazu wählen Sie im *FrontPage Express* Editor BEARBEITEN ◆ ALLES markieren und dann BEARBEITEN ◆ KOPIEREN, wechseln in ein entsprechendes Textverarbeitungsprogramm und fügen den kopierten Inhalt ein.

11.1.2 Nach Sackgassen und Irrwegen fahnden

Eine für Hypertext typische und sehr wichtige Fehlersuche ist die nach fehlerhaften Hyperlinks. Kommen alle internen Hyperlinks auch dort an, worauf sie verweisen sollen? Werden Sie alle Seiten Ihres Webs, auf die Sie intern verweisen, zur gleichen Zeit publizieren? Bestehen alle externen Dokumente noch, auf die Sie verweisen? Überprüfen Sie Ihre Hyperlinks (siehe Kapitel 7.5) und räumen Sie gegebenenfalls auf (siehe 7.6)!

Webseiten anderen zeigen

Eine sehr sinnvolle Kontrolle ist es auch, Ihre Webseiten einmal Ihren KollegInnen oder Bekannten vorzuführen, von denen Sie eine konstruktive Kritik erwarten können. Somit wird nicht nur der eine oder andere Form- oder Rechtschreibfehler oder eine unglückliche Formulierung entdeckt, Sie erhalten vielleicht auch nützliche Anregungen und Vorschläge.

11.2 Die Sache mit den Webbrowsern

Wie nun schon oft in diesem Buch angesprochen wurde, haben die Webbrowser zum Teil unterschiedliche Fähigkeiten, eine Webseite umzusetzen. Und nicht immer sieht die Seite dann so aus, wie sich das der Webautor gedacht hat. Dabei geht es nicht nur um die beiden wichtigsten Browseranbieter *Netscape* und *Microsoft*, sondern auch um deren verschiedene Versionen. Je aktueller die Version, desto mehr HTML-Befehle beherrschen die Browser, und desto mehr Möglichkeiten können Sie umsetzen und darstellen. Das bezieht sich hauptsächlich auf das Einbinden von Grafiken bestimmter Formate, Skriptsprachen, Tabellenoptionen, Multimediaelementen, Frames, Add-Ons und so weiter.

Den Elchtest machen

Machen Sie doch einmal den Elchtest und vergleichen Sie Ihre Webseiten im Browser des *Internet Explorers 5.0* mit denen eines anderen wichtigen Webbrowsers, zum Beispiel mit dem *Netscape Navigator*. Welche Ihrer Ideen kann der eine oder andere Webbrowser nicht darstellen und kippt dabei um? Entscheiden Sie dann, ob Sie die betroffenen Features eventuell verändern, herausnehmen oder einfach so lassen wollen.

11.3 Und ab ins Universum - die Webseite publizieren

Nun ist Ihr Webangebot reif für's Internet. Um Informationen im World Wide Web veröffentlichen zu können, müssen alle Webseiten auf einem Webserver gespeichert werden. Große Firmen haben meist ihren eigenen Server und brauchen die Dienste eines Serveranbieters nicht in Anspruch nehmen.

Der Otto-Normalverbraucher nutzt hingegen den Server eines Dienstanbieters. Die meisten Anbieter bieten einen kostenlosen Serverplatz für Veröffentlichung einer privaten Homepage an. Der Speicherplatz ist zwar begrenzt, aber in der Regel für solche Zwecke vollkommen ausreichend. Die Prozedur des Veröffentlichen ist bei den Anbietern wie AOL, CompuServe oder T-Online zwar von der Idee her ähnlich, die technische Realisierung ist jedoch unterschiedlich. Ich zeige Ihnen die prinzipielle Verfahrensweise bei der Veröffentlichung. Für Ihren Spezialfall wird Ihnen der Provider (so nennt man die Anbieter im Fachjargon) aktuelle und detaillierte Anweisungen geben, mit deren Hilfe Sie die Einstellungen in *Frontpage Express* leicht an Ihre Bedürfnisse anpassen können.

Nichts vergessen!

Bei der Publikation werden alle Dokument-, Grafik-, Hintergrundbild-, Audiodateien etc., aus denen sich Ihre Webseiten zusammensetzen, auf den Server kopiert – nicht nur die Dokumentdatei mit Ihrer Webseite! Vergessen Sie eine der Hilfsdateien, wird Ihre Webseite im Browser des Betrachters nicht vollständig angezeigt. Haben Sie alle Dateien am besten zusammen in einem Ordner.

Der *Microsoft* Web-Publishing-Assistent stellt Ihnen ein einfaches Verfahren für das Übertragen Ihrer persönlichen Webseiten auf den Webserver Ihres Internetdienstanbieters oder in Ihrem LAN (Local Area Network) zur Verfügung. Bevor Sie den Assistenten für das Veröffentlichen Ihrer Dateien einsetzen können, müssen Sie eine Verbindung zu Ihrem Internetdienstanbieter herstellen und folgende Informationen griffbereit haben beziehungsweise sie gegebenenfalls bei Ihrem Internetdienstanbieter oder Systemadministrator erfragen:

- Wie lautet die URL für den Webserver, den Sie für das Veröffentlichen Ihrer Dateien verwenden?
- Wie heißt der Name des Ordners auf dem Server, auf dem Sie die Dateien veröffentlichen?
- Welches Protokoll verwendet Ihr Dienstanbieter (beispielsweise FTP, HTTP Post oder CRS)?

Liegen Ihnen die Informationen vor, dann führen Sie folgende Schritte aus:

☑ Rufen Sie den zuständigen Assistenten über START ◆ PROGRAMME ◆ INTERNET EXPLORER ◆ WEB PUBLISHING-ASSISTENT auf.

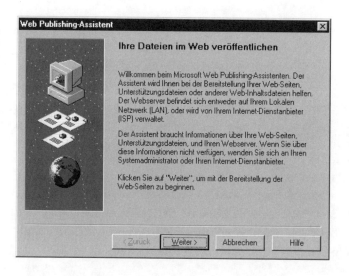

Bild 11.1:
Der Web Publishing-Assistent hilft Ihnen beim Veröffentlichen Ihrer Webseiten

☑ Ein Mausklick auf die Schaltfläche WEITER, führt Sie zum Dialogfeld DATEI ODER ORDNER AUSWÄHLEN.

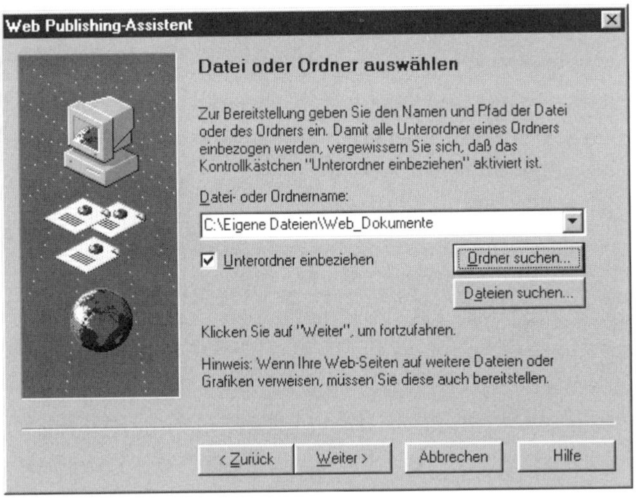

Bild 11.2:
Was soll publiziert werden?

☑ Geben Sie den Ordner oder die Datei zum Übertragen an, und

☑ klicken Sie auf WEITER.

Bild 11.3:
Den Webserver angeben

☑ Legen Sie den Webserver fest, auf dem Ihr Webangebot publiziert werden soll.

☑ Bestätigen Sie mit WEITER.

Und ab ins Universum - die Webseite publizieren **247**

Bild 11.4:
Die Adresse für den Zugriff auf dem Server angeben

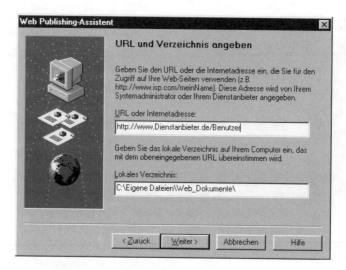

☑ Tippen Sie nun den URL oder die Internetadresse für den Zugriff auf Ihr Webangebot auf dem Webserver ein.

☑ Klicken Sie auf WEITER, werden Sie aufgefordert, eine Verbindung zu Ihrem Dienstanbieter herzustellen.

Bild 11.5:
Tippen Sie Ihren Benutzername und Ihr Kennwort ein

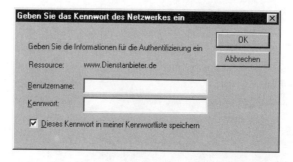

☑ Geben Sie nun das Protokoll Ihres Dienstanbieters an (siehe 11.6, oben), und

☑ im nächsten Dialogfeld den Server und Unterordner, unter dem Ihr Webangebot erreichbar sein soll (siehe 11.6, unten).

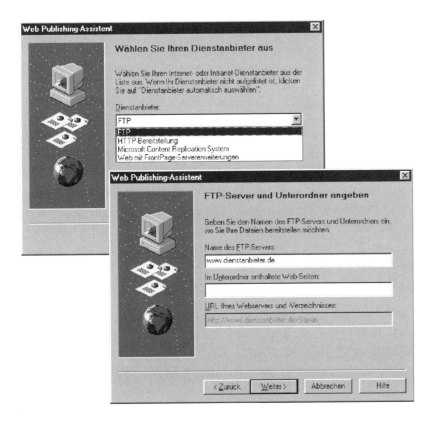

Bild 11.6:
Das Protokoll, Server-Name und Unterordner angeben

Nun hat der Web Publishing-Assistent alle Angaben und überträgt die Dateien auf den Webserver Ihres Anbieters.

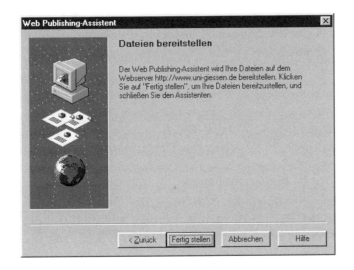

Bild 11.7:
Ihre Dateien werden auf den Webserver übertragen

Und ab ins Universum - die Webseite publizieren **249**

11.4 Marketing

Machen Sie Ihre Webseite bekannt! Nun gehört die Adresse Ihrer Homepage automatisch zu Ihrer Postadresse und darf natürlich auf Ihren Visitenkarten und Ihrem Briefpapier nicht fehlen.

Haben Sie die Webseite für Ihre Firma erstellt, dann ist sie nun ein wichtiger Teil der Öffentlichkeitsarbeit. Geben Sie Ihre Internetadresse überall mit an: Nicht nur auf Ihren Visitenkarten und Ihrem Briefpapier, sondern auch auf Rechnungen und Lieferschein, Pressemitteilungen und anderen Veröffentlichungen, blenden Sie sie in Werbespots ein, schreiben Sie sie auf Plakatwerbung, in Ihr Firmenprospekt und auf alle anderen Werbeträger Ihrer Firma.

Versuchen Sie, Ihre Webseite in eine für Sie relevante Suchmaschine eintragen zu lassen. Bei der Anmeldung Ihrer Webseite muss meist ein umfangreiches Formular ausgefüllt werden. Schneller geht das über `http://virtualpromote.com/submitter/`. Virtualpromote begnügt sich mit Ihrer URL und E-Mail-Adresse und meldet Ihre Webseite kostenlos bei 32 Suchmaschinen an.

Um zu kontrollieren, ob Ihre Webseite auch erfolgreich bei Suchmaschinen angemeldet wurde, können Sie Dienste von Did-it.com in Anspruch nehmen (`http://www.did-it.com/detective.htm`). Hier erhalten Sie per E-Mail die Information, bei welchen Suchmaschinen Ihre Webseite an welcher Position aufgelistet wird. Auch Wosamma (bayerisch: wo sind wir ?) bietet eine Stellenanalyse bei vielen Suchmaschinen an (`http://wosamma.com/deutsch/posform.de.html`).

11.5 Pflege- und Wartungsarbeiten

Der Vorgang einer Webseitenpublikation im Internet ist nie abgeschlossen. Eine Webseite muss regelmäßig auf Aktualität überprüft werden. Dabei geht es nicht nur um die Erhaltung der Aktualität Ihrer Daten und Informationen, sondern auch um die Überprüfung der externen Hyperlinks. Das World Wide Web ist ein dynamisches System. Webseiten kommen und gehen. Die Webadresse eines Dokuments, auf das Sie gestern verwiesen haben, muss nicht unbedingt morgen noch bestehen. Und das macht das Internet schließlich auch so interessant.

Auch der Besucher, der die Adresse Ihrer Webseite unter seinen Favoriten gespeichert hat, möchte ab und zu etwas Neues von Ihnen erfahren, sonst wird es ihm zu langweilig, und Sie fliegen aus seiner Favoritenliste wieder raus. Ein gutes Gefühl gibt es dem Besucher auch schon, wenn das Datum der letzten Änderung nicht Monate alt ist. Dann fühlt er sich aktuell informiert.

Index

A

Absatzausrichtung 51
Absatzzeichen in HTML 76
ActiveX-Steuerelemente 239
Adressblock 215
Adresse
    einfügen 56
    in HTML 77
Alternativtext 185
Animierte GIF-Bilder 192
Assistent
    Formularseiten 159
    Homepage 153
Aufzählung 86

B

Bestätigungsformular 158
Bestellformular 161
Bilder
    als Hyperlinks 190
    Alternativtext 185
    animierte 192
    ausrichten 182
    bearbeiten 180
    einfügen 176
    Hintergrundbild 193
    löschen 190
    Transparenz 189
    woher nehmen? 177
    Zeilensprung 188
    zwei Qualitäten 186
Bildformate 174
Blinde Tabelle 94
BODY, Tag 74
Boolesch-Fragen 165

C

Browser 36
Button 191

C

CGI-Skript 169, 236
Chatraum 42
Container-Tag 71

D

Datum 24
Deinstallation, *Internet Explorer* 34
Dokument
    aufrufen 61
    ausdrucken 63
    speichern 57
Dokumentvorlage
    bearbeiten 171, 173, 212, 226
    Bestätigungsformular 158
    Umfragebogen 172
Dropdown-Menü 219
Drucken
    Drucker einrichten 66
    Seite einrichten 65

E

Eingabefeld 39
Eingabetypen beim Formularseiten-
    Assistenten 159
Einzeiliges Textfeld 213
Einzug
    einfügen 84
    in HTML 85
E-Mail-Adresse in HTML 77

Externe Hyperlinks
    einfügen 128
    in HTML 148
Externe Verweise
    einfügen 128
    in HTML 148

F

Farben in HTML 83
Farben wählen
    benutzerdefinierte............................... 82
    Hintergrund 78
    Probleme 83
    Querverweise 81
    Textelemente 80
    Trennlinie.. 81
Farbpalette 82
Fehlersuche 242
Formatierung.. 26
Format-Symbolleiste 39
Formulare
    Dropdown-Menü................................ 219
    Einzeiliges Textfeld 213
    Ergebnisse speichern........................ 226
    erstellen 211
    fertigstellen...................................... 224
    Formularfeld-Befehle 225
    Formularseiten-Assistent 159
    Kontrollkästchen 217
    Optionsfelder 219
    Schaltflächen 222
    Umfragebogen 172, 212
Formularergebnisse empfangen.............. 168
Formularseiten-Assistent........................ 159
Formular-Symbolleiste 39
Frames
    Hyperlinks erstellen 206
    im Browser kontrollieren................... 205
    mit Inhalt füllen 204
    Rahmeneigenschaften festlegen 209

(Frames)
    Struktur definieren............................. 198
    wozu einsetzen?................................ 196
FrontPage Express
    Oberfläche 38
    starten... 36
    stellt sich vor 35
    Symbol verknüpfen 37
FTP 145

G

GIF-Format 175
Gitter, Struktur des Webdokuments 20
Gopher 145
Grafiken
    als Hyperlinks 190
    Alternativtext 185
    animierte Bilder 192
    ausrichten.. 182
    bearbeiten 180
    einfügen 176
    Hintergrundbild 193
    löschen 190
    Transparenz 189
    woher nehmen?................................. 177
    Zeilensprung 188
    zwei Qualitäten 186

H

Harte Textattribute 50, 76
Hauptteil des Dokuments......................... 74
HEAD, Tag 72
Hierarchie, Struktur des Webdokuments ... 19
Hintergrundbild...................................... 193
Hintergrundfarbe
    einfügen 78
    in HTML 74, 84
Hintergrundklang einfügen..................... 233
Homepage Assistent 153

Homepage, Komponenten 22
Horizontale Linie
    einfügen 53
    farbig formatieren 81
    in HTML 75
HTML
    Ansicht 69
    Quelltext 69
    Tag 70
    was ist das? 68
http 144
HTTP-Protokoll 73
Hyperlinks
    auf externe Dokumente 128
    auf interne Dokumente 132
    auf Internetdienste 143
    Bilder einsetzen 190
    in HTML 148
    löschen 147
    sichten 142, 146
    überprüfen 243
    Vorteile 126

I

Inhaltsverzeichnis erstellen 140
Inline-Bilder 175
Installation
    Addon-Komponenten des
        Internet Explorers 32
    Internet Explorer 28
Interlaced-Verfahren 188
Interne Hyperlinks
    einfügen 132
    in HTML 149
Interne Verweise
    einfügen 132
    in HTML 149
Internet Explorer
    deinstallieren 34
    installieren 28

Internet Explorer Browser 41
    aufrufen 116

J

Java-Applets 239
JavaScript 237
JPEG-Format 175

K

Kommentare
    im Dokument 122
    in HTML 125
Kommunikationsprotokoll 144
Komponenten der Homepage 22
Kontaktinformationen 24
Kontrollkästchen 217
Kopfteil des Dokuments 72

L

Laufschrift
    bearbeiten 118
    einfügen 113
    in HTML 120
Layout planen 18
Leerer Tag 71
Leerzeile in HTML 75
Leisten ausblenden 39
Listen
    erstellen 85
    in HTLM 92
    verschachteln 90
Listentyp
    Aufzählung 86
    Nummerierung 88
Listentypen kombinieren 90
Logische Textattribute 51, 77

M

Mailto	145
Meinungsumfrage	166
Menüleiste	39
META-Information	72

Multimedia
- Hintergrundklang einfügen ... 233
- Videos einfügen ... 235

Musterseite speichern ... 59

N

NetMeeting	42
NetShow	42
Neue Seite einrichten	152
Nummerierung	88

O

OLE-Standard	240
Optionsfelder	219
Outlook Express	41

P

Physische Textattribute	50, 76
Plug-Ins	239
PNG-Format	176
Protokoll, was ist das?	144
Publizieren, Webseite	245

Q

Querverweise
- farbig formatieren ... 81

R

Rechtschreibfehler, suchen nach	242
Reihe, Struktur des Webdokuments	19
Rückgängig	53

S

Schaltflächen	222
Schriftart wählen	47
Seitenansicht	63
Seitenrand erzwingen	108
Seitentitel	58

Skriptsprache
- was ist das? ... 237

Sonderzeichen ... 121

Speichern
- Dokument ... 57
- Musterseite ... 59

Spinnennetz, Struktur des
- Webdokuments ... 20

Standalone-Tag	71
Standardseite	153
Standard-Symbolleiste	39
Statusleiste	39
Struktur des Webdokuments	18
Suchmaschinen	177
Symbol verknüpfen	36

T

Tabellen
- bearbeiten ... 97
- Bereiche markieren ... 98
- blinde ... 94
- einfügen ... 93
- farbige ... 109
- in HTML ... 110
- Seitenrand erzwingen mit ... 108
- Titel ... 103
- verschachteln ... 107
- Zeile/Spalte einfügen ... 104
- Zelle teilen/verbinden ... 106

Tag	70
Telnet	146

Text
- eingeben ... 44
- formatieren ... 45

Textattribute
   logische 51, 77
   physische 50, 76
Textkonzeption 25
Textmarke
   aufsuchen... 142
   definieren 137
Titel... 72
Titelleiste... 39
Transparenz 189
Trennlinie
   einfügen 53
   farbig formatieren 81
   in HTML 75

Ü

Überschrift... 23
   formatieren 52
   in HTML 74
Übertragungsprotokoll............................... 73
Umfragebogen............................... 172, 212
URL, was ist das? 129

V

Veröffentlichen, Webseite 245
Verweise
   auf externe Dokumente...................... 128
   auf interne Dokumente....................... 132
   auf Internetdienste 143
   in HTML 148
   löschen.. 147
   sichten 142, 146
   Vorteile 126
Videos einfügen 235
Visual Basic Script 237

W

WebBot-Komponente
   einschließen 230
   im Bestätigungsformular 158
   Kommentar 125
   suchen 231
   was ist das? 229
   Zeitmarkierung 232
Webbrowser.................................... 36, 244
Webseite
   auf Besucher abstimmen 16
   aufrufen... 61
   ausdrucken 63
   Hyperlinks überprüfen 243
   Komponenten.. 22
   nach Fehlern suchen.......................... 242
   pflegen 250
   planen 16
   publizieren 245
   speichern.. 57
   strukturieren 18
Weiche Textattribute......................... 51, 77
World Wide Web 126
WYSIWYG-Prinzip 36

Z

Zeichen formatieren 45
Zeichenformatierung in HTML 76
Zeilensprung... 188
Zeilenumbruch in HTML 75